国家出版基金项目
NATIONAL PUBLICATION FOUNDATION

中宣部2022年主题出版重点出版物

"十四五"国家重点图书出版规划项目

纪录小康工程

全面建成小康社会

天津大事记

TIANJIN DASHIJI

本书编写组

天津出版传媒集团

天津人民出版社

丛书策划：王　康　杨　舒　郑　玥
责任编辑：林　雨
封面设计：石笑梦　　明轩文化·王　烨
版式设计：王欢欢　　明轩文化·张春燕

图书在版编目（CIP）数据

全面建成小康社会天津大事记 / 本书编写组编 . ——天津：天津人民出
　　版社，2022.10
（"纪录小康工程"地方丛书）
ISBN 978-7-201-18550-7

Ⅰ.①全… Ⅱ.①本… Ⅲ.①小康建设—大事记—天津 Ⅳ.①F127.21

中国版本图书馆CIP数据核字(2022)第096632号

全面建成小康社会天津大事记
QUANMIAN JIANCHENG XIAOKANG SHEHUI TIANJIN DASHIJI

本书编写组

天津人民出版社　出版发行

（300051　天津市和平区西康路35号康岳大厦）

天津海顺印业包装有限公司印刷　新华书店经销

2022年10月第1版　2022年10月天津第1次印刷

开本：710毫米×1000毫米　1/16　印张：18.5

字数：200千字

ISBN 978-7-201-18550-7　定价：65.00元

邮购地址 300051　天津市和平区西康路35号康岳大厦

天津人民出版社发行中心　电话：(022)23332469

总　序

为民族复兴修史　为伟大时代立传

小康，是中华民族孜孜以求的梦想和夙愿。千百年来，中国人民一直对小康怀有割舍不断的情愫，祖祖辈辈为过上幸福美好生活劳苦奋斗。"民亦劳止，汔可小康""久困于穷，冀以小康""安得广厦千万间，大庇天下寒士俱欢颜"……都寄托着中国人民对小康社会的恒久期盼。然而，这些朴素而美好的愿望在历史上却从来没有变成现实。中国共产党自成立那天起，就把为中国人民谋幸福、为中华民族谋复兴作为初心使命，团结带领亿万中国人民拼搏奋斗，为过上幸福生活胼手胝足、砥砺前行。夺取新民主主义革命伟大胜利，完成社会主义革命和推进社会主义建设，进行改革开放和社会主义现代化建设，开创中国特色社会主义新时代，经过百年不懈奋斗，无数中国人摆脱贫困，过上衣食无忧的好日子。

特别是党的十八大以来，以习近平同志为核心的党中央统揽中华民族伟大复兴战略全局和世界百年未有之大变局，团结带领全党全国各族人民统筹推进"五位一体"总体布局、协调

1

推进"四个全面"战略布局，万众一心战贫困、促改革、抗疫情、谋发展，党和国家事业取得历史性成就、发生历史性变革。在庆祝中国共产党成立 100 周年大会上，习近平总书记庄严宣告："经过全党全国各族人民持续奋斗，我们实现了第一个百年奋斗目标，在中华大地上全面建成了小康社会，历史性地解决了绝对贫困问题，正在意气风发向着全面建成社会主义现代化强国的第二个百年奋斗目标迈进。"

这是中华民族、中国人民、中国共产党的伟大光荣！这是百姓的福祉、国家的进步、民族的骄傲！

全面小康，让梦想的阳光照进现实、照亮生活。从推翻"三座大山"到"人民当家作主"，从"小康之家"到"小康社会"，从"总体小康"到"全面小康"，从"全面建设"到"全面建成"，中国人民牢牢把命运掌握在自己手上，人民群众的生活越来越红火。"人民对美好生活的向往，就是我们的奋斗目标。"在习近平总书记坚强领导、亲自指挥下，我国脱贫攻坚取得重大历史性成就，现行标准下 9899 万农村贫困人口全部脱贫，建成世界上规模最大的社会保障体系，居民人均预期寿命提高到 78.2 岁，人民精神文化生活极大丰富，生态环境得到明显改善，公平正义的阳光普照大地。今天的中国人民，生活殷实、安居乐业，获得感、幸福感、安全感显著增强，道路自信、理论自信、制度自信、文化自信更加坚定，对创造更加美好的生活充满信心。

全面小康，让社会主义中国焕发出蓬勃生机活力。经过长期努力特别是党的十八大以来伟大实践，我国经济实力、科技实力、国防实力、综合国力跃上新的大台阶，成为世界第二大经济体、第一大工业国、第一大货物贸易国、第一大外汇储备国，国内生产总值从 1952 年的 679 亿元跃升至 2021 年的 114 万亿元，人均国内生产总值从 1952 年的几十美元跃升至 2021 年的超过 1.2 万美元。把握新发展阶段、贯彻新发展理念、构建新发展格局、推动高质量发展，全面建设社会主义现代化国家，我们的物质基础、制度基础更加坚实、更加牢靠。全面建成小康社会的伟大成就充分说明，在中华大地上生气勃勃的创造性的社会主义实践造福了人民、改变了中国、影响了时代，世界范围内社会主义和资本主义两种社会制度的历史演进及其较量发生了有利于社会主义的重大转变，社会主义制度优势得到极大彰显，中国特色社会主义道路越走越宽广。

全面小康，让中华民族自信自强屹立于世界民族之林。中华民族有五千多年的文明历史，创造了灿烂的中华文明，为人类文明进步作出了卓越贡献。近代以来，中华民族遭受的苦难之重、付出的牺牲之大，世所罕见。中国共产党带领中国人民从沉沦中觉醒、从灾难中奋起，前赴后继、百折不挠，战胜各种艰难险阻，取得一个个伟大胜利，创造一个个发展奇迹，用鲜血和汗水书写了中华民族几千年历史上最恢宏的史诗。全面建成小康社会，见证了中华民族强大的创造力、坚韧力、爆发力，见证了中华民族自信自强、守正创新精神气质的锻造与激扬，实现中华民族伟大复兴有了更为主动的精神力量，进入不可逆转的历史进程。今天，我们比历史上任何时期都更接近、更有信心和能力实现中华民族伟大复兴的目标，中国人民的志气、骨气、底气极大增强，奋进新征程、建功新时代有着前所未有的历史主动精神、历史创造精神。

全面小康，在人类社会发展史上写就了不可磨灭的光辉篇章。中华民族素有和合共生、兼济天下的价值追求，中国共产党立志于为人类谋进步、为世界谋大同。中国的发展，使世界五分之一的人口整体摆脱贫困，提前十年实现联合国2030年可持续发展议程确定的目标，谱写了彪炳世界发展史的减贫奇迹，创造了中国式现代化道路与人类文明新形态。这份光荣的胜利，属于中国，也属于世界。事实雄辩地证明，人类通往美好生活的道路不止一条，各国实现现代化的道路不止一条。全面建成小康社会的中国，始终站在历史正确的一边，站在人类进步的一边，国际影响力、感召力、塑造力显著提升，负责任大国形象充分彰显，以更加开放包容的姿态拥抱世界，必将为推动构建人类命运共同体、弘扬全人类共同价值、建设更加美好的世界作出新的更大贡献。

回望全面建成小康社会的历史，伟大历程何其艰苦卓绝，伟大胜利何其光辉炳耀，伟大精神何其气壮山河！

这是中华民族发展史上矗立起的又一座历史丰碑、精神丰碑！这座丰碑，凝结着中国共产党人矢志不渝的坚持坚守、博大深沉的情怀胸襟，辉映着科学理论的思想穿透力、时代引领力、实践推动力，镌刻着中国人民的奋发奋斗、牺牲奉献，彰显着中国特色社会主义制度的强大生命力、显著优越性。

因为感动，所以纪录；因为壮丽，所以丰厚。恢宏的历史伟业，必将留下深沉的历史印记，竖起闪耀的历史地标。

中央宣传部牵头，中央有关部门和宣传文化单位，省、市、县各级宣传部门共同参与组织实施"纪录小康工程"，以为民族复兴修史、为伟大时代立传为宗旨，以"存史资政、教化育人"为目的，形成了数据库、大事记、系列丛书和主题纪录片4方面主要成果。目前已建成内容全面、分类有序的4级数据库，编纂完成各级各类全面小康、脱贫攻坚大事记，出版"纪录小康工程"丛书，摄制完成纪录片《纪录小康》。

"纪录小康工程"丛书包括中央系列和地方系列。中央系列分为"擘画领航""经天纬地""航海梯山""踔厉奋发""彪炳史册"5个主题，由中央有关部门精选内容组织编撰；地方系列分为"全景录""大事记""变迁志""奋斗者""影像记"5个板块，由各省（区、市）和新疆生产建设兵团结合各地实际情况推出主题图书。丛书忠实纪录习近平总书记的小康情怀、扶贫足迹，反映党中央关于全面建成小康社会重大决策、重大部署的历史过程，展现通过不懈奋斗取得全面建成小康社会伟大胜利的光辉历程，讲述在决战脱贫攻坚、决胜全面小康进程中涌现的先进个人、先进集体和典型事迹，揭示辉煌成就和历史巨变背后的制度优势和经验启示。这是对全面建成小康社会伟大成就的历史巡礼，是对中国共产党和中国人民奋斗精神的深情礼赞。

历史昭示未来，明天更加美好。全面建成小康社会，带给中国人民的是温暖、是力量、是坚定、是信心。让我们时时回望小康历程，深入学习贯彻习近平新时代中国特色社会主义思想，深刻理解中国共产党为什么能、马克思主义为什么行、中国特色社会主义为什么好，深刻把握"两个确立"的决定性意义，增强"四个意识"、坚定"四个自信"、做到"两个维护"，以坚如磐石的定力、敢打必胜的信念，集中精力办好自己的事情，向着实现第二个百年奋斗目标、创造中国人民更加幸福美好生活勇毅前行。

目　录

1949年

1月15日　中国人民解放军解放我国北方最大的工商业城市天津。天津市军事管制委员会、中共天津市委、天津市人民政府宣告成立。

2月　天津解放后，由于正确执行党的城市政策，使接管工作进展顺利。除个别部门遭敌特破坏外，大部分单位接管工作在3至5天内基本完成。截至2月中旬，接管工作全部完成。共接管工厂115个，仓库165处，机关、医院316处，大专院校4所，中小学134所。

3月　据有关资料统计，截至3月底，天津市有私营工商业36725户，其中私营工业38行共4781户，私营商业111行共24944户，不在同业公会登记的工商户有7000余户。

4月10日至5月7日　中共中央政治局委员、中央书记处书记刘少奇来津视察指导工作。

8月11日　中共天津市委作出《关于公开党的决定》，对公开党的准备工作、步骤和方法、应注意的几个问题提出要求。

9月5日至8日　天津市首届各界人民代表会议召开。会上作《天津解放后7个多月的工作总结及今后的工作方针》的报告。报告指出，今后的工作任务是在毛泽东提出的自强奋斗的方针下，努力恢复与发展天津的工商业，建设民主繁荣的新天津。

10月1日　中华人民共和国诞生，中央人民政府宣告成立。《天津日报》发表《全市人民动员起来，贯彻政协一切决定》的社论。全市各界人民一致拥护全国人民政协通过的重要文献。

10月2日 天津市举行盛大集会，庆祝中华人民共和国成立。

11月19日 天津市各界协商委员会举行首次会议。会议听取政府工作报告和物价问题报告，指出此次物价上涨是在经济逐渐好转的情况下发生的问题，有决心解决好。

12月7日 天津市军事管制委员会发布《关于解决市郊农田土地遗留问题的决定》。

本年 全市常住户籍人口为402.54万人，全市地区生产总值为4.07亿元，人均地区生产总值为102元，农业总产值为1.39亿元，工业总产值为7.29亿元，地方财政预算内收入为0.44亿元，全社会固定资产投资额为0.04亿元，城镇居民人均可支配收入为151元，农民人均纯收入为45元。

1950 年

1月7日至8日 天津市首届青年代表大会召开。大会宣布天津市民主青年联合会正式成立。大会通过大力宣传胜利折实公债，积极参加生产节约运动等项决议。

1月8日 中国新民主主义青年团天津市工作委员会成立。

1月10日至14日 天津市总工会首届会员代表大会召开。大会原则通过《天津市国营公营企业劳动保险暂行条例草案》。选举产生天津市总工会第一届执行委员73名，候补执行委员10名，宣告天津市总工会正式成立。

1月15日至17日 天津市第二届各界人民代表会议第一次会议召开。会议听取《一九五〇年天津市的任务》《关于三个半月来政府工作》《关于推销公债》的报告，通过《劳资关系暂行处理办法》《天津市各界人民代表会议组织条例》《天津市人民政府组织条例》及《天津市人民政府委员会选举办法》。

2月28日 天津市人民政府颁布《关于加强区公所组织机构的决定》。

3月3日 中央人民政府政务院作出《关于统一国家财政经济工作的决定》。

3月7日 天津市为统一国家财政收支、统一物资调度、统一现金管理，成立贸易金库。

4月17日 天津市人民政府发布《关于贯彻执行〈政务院关于统

一国家财政经济工作的决定〉的决定》，要求坚决做到在全市范围内财政收支统一、调度统一、消除浪费、整顿收入，保证本年收支概算全部实现。

5月27日 天津市失业工人救济委员会成立。同日，召开首次会议，决定从6月开始对失业工人进行登记。截至12月，共登记28573人（计男18564人，女10009人）。到1951年3月21日，即有9000人就业，另有万余人分别进行转业训练或以工代赈。

同日 天津市人民政府施行《烟民烟毒检查登记办法》。

6月8日 天津市禁烟禁毒委员会成立。7月1日开始登记、收容烟民，至年底，共收容烟民478人，戒除者452人，占总收容人数的95%。到1951年底，烟毒基本肃清，禁烟禁毒委员会工作结束。

6月23日 天津市人民政府颁布《天津市国营公营企业劳动保险暂行条例》与实施细则，并于9月1日起施行。

9月20日 天津市首次劳动模范大会召开。来自全市各国营企业、工厂和恒源、北洋等私营大厂的特级劳动模范、一级劳动模范及党政工团各部门负责人1500余人参加大会。会上，表彰特级劳动模范79名，一级劳动模范189名。

10月28日 天津市人民监察委员会召开首次会议。会议通过《天津市人民监察委员会暂行组织条例草案》。

12月12日 天津电车公司制造了我国第一辆无轨电车。

本年 全市常住户籍人口为407.14万人，全市地区生产总值为7.55亿元，人均地区生产总值为188元，农业总产值为1.83亿元，工业总产值为11.60亿元，地方财政预算内收入为1.91亿元，全社会固定资产投资额为0.19亿元，城镇居民人均可支配收入为166元，农民人均纯收入为62元。

1951年

1月6日　天津市各界发起"千元劳军运动",成立天津市慰劳中国人民志愿军千元运动募集委员会。至2月3日,共捐款23亿余元(旧人民币),"千元劳军运动"胜利结束。

1月26日至28日　天津市首届卫生工作会议召开。会议通过私立医院及诊所免费治疗方法、收费标准、推广特约医务关系、建立居民卫生组织等四项提案。

6月1日　抗美援朝总会发出关于捐献飞机大炮、推行爱国公约、做好优抚工作三项号召,天津市各界人民热烈响应。至12月31日,天津市各界共捐款2001亿元(旧人民币),可买战斗机133架。

同日　据《天津日报》报道,本市小学在学儿童达19.6万人,占全市学龄儿童总数的79%,比1949年10月增加5.3万余人。

6月26日　天津市私营中天电机厂制成我国第一部500门自动交换机。

9月19日　天津汽车制配厂研制成功我国第一辆吉普车。25日,该厂将吉普车开赴北京向毛泽东报喜,向国庆两周年献礼。朱德和聂荣臻接见了献礼代表。

10月5日　华北区城乡物资交流展览会在天津举行。中央、各省市领导及各地代表团出席开幕式。展览会共设17个展馆,历时40余天,观众达100余万人次,招待各界人士4000余人,全国各地有900多个贸易代表团,2350余人参加大会交易,订立各种合同和协议

3000余件。

11月1日 华北纺织管理局和天津市纺织工会贯彻纺织工业部和中国纺织工会《关于突击生产的指示》，决定自即日起，突击增产两个月，保证纱布大量供应，加强抗美援朝力量。

12月14日 天津市人民政府委员会和市各界人民协商委员会举行联席会议。会议听取《关于开展反贪污、反浪费、反官僚主义运动》的报告，讨论通过《关于反贪污、反浪费、反官僚主义运动的决议》，并决定建立天津市节约检查委员会。天津市从即日起开展"三反"运动。

12月27日至29日 中共中央主席毛泽东到天津参观华北区城乡物资交流展览会。在津期间，毛泽东听取了天津市委的工作汇报，接见了天津市劳动模范和工商业界代表，视察了准备兴建的天津水上公园工地。

12月31日 天津市增产节约大会召开。大会听取《为完成爱国增产节约5万亿元（旧人民币）而斗争》的报告，号召全市广大职工克服困难，努力生产，保证完成任务。

本年 全市常住户籍人口为424.20万人，全市地区生产总值为11.45亿元，人均地区生产总值为278元，农业总产值为2.43亿元，工业总产值为17.32亿元，地方财政预算内收入为3.24亿元，全社会固定资产投资额为0.45亿元，城镇居民人均可支配收入为182元，农民人均纯收入为69元。

1952年

3月20日 天津市人民政府召开会议，要求年内争取建房5万间，解决工人住房问题。28日，工人新村修建工程开始勘测和平整地基，首批12000间工人宿舍开工建设。

5月1日 中山门外第一批工人新村落成。至年底，中山门、西南楼、尖山、吴家窑、丁字沽、王串场、唐家口工人新村工程全部落成，解决了近17万工人及其家属的住房问题。

6月5日 天津市人民政府委员会与各界人民代表会议协商委员会举行联席会议，宣告"三反""五反"运动胜利结束。

6月22日 天津市人民政府发布《关于推行速成识字法开展识字运动的决定》《天津市1952年识字运动工作计划》和《天津市各级识字运动委员会条例》。天津市识字运动委员会成立，由黄敬任主任，黄火青、黄松龄任副主任。全市大规模的扫盲运动开始。至8月，全市有文盲半文盲约30万人参加速成识字班学习。至9月，有百余个大中型工厂企业全面开展速成识字运动，参加学习的工人有5万余人。

6月28日 天津市人民政府财经委员会、市总工会联合召开增产节约竞赛动员大会。市委副书记、市总工会主席黄火青在会上作了动员报告。自7月1日起，市国营、公营工厂企业10万余名职工，全面开展增产节约竞赛。30个单位初步计划全年增产节约2.5万亿元（旧人民币）。

8月16日 天津市人民政府委员会与各界人民代表会议协商委员

会举行联席会议，原则通过本年度财政预算，并通过成立天津市劳动就业委员会。天津市劳动就业工作取得很大成绩，解放3年来共解决了15万失业人员的就业问题。

8月18日至30日 中共天津市委召开天津市首次党代表会议。会上作《关于三年来工作总结与今后工作任务》的报告。该报告指出：三年来，我们基本上执行了党的七届二中全会关于城市工作的方针，认真贯彻全心全意依靠工人阶级、争取与改造知识分子、团结和改造资本家的各项政策，基本上肃清了反革命力量，恢复和发展了城市和平，并在这个基础上繁荣了经济，稳定了物价，人民生活有了很大改善，城市建设和文化教育卫生事业也有了很大的发展。

10月17日 塘沽新港第1期建港工程竣工，举行开港典礼。万吨轮船首次由海外驶入港内装货。周恩来为此题词："庆祝新港开港，望继续为建港计划的完成和实施奋斗。"10月25日，毛泽东视察天津新港。他赞扬广大筑港工人自力更生艰苦奋斗的精神，指出："工人阶级是真正的英雄。"

本年 全市常住户籍人口为439.22万人，全市地区生产总值为12.80亿元，人均地区生产总值为299元，农业总产值为2.73亿元，工业总产值为19.71亿元，地方财政预算内收入为3.88亿元，全社会固定资产投资额为1.03亿元，城镇居民人均可支配收入为200元，农民人均纯收入为70元。

1953年

1月12日 天津市人民政府发出贯彻《中华人民共和国婚姻法》的指示,决定自2月20日至3月20日为全市"贯彻婚姻法运动月"。

1月 中共天津市委工业部发出关于制定1953年爱国主义生产竞赛计划的指示,提出应在总结、查定、修改定额的基础上,广泛发动群众制定一个比较先进而又切实可行的爱国主义生产竞赛计划。制定计划时,要组织技术人员,深入车间、小组,帮助群众修订计划,并随即组织他们来参加平衡全厂的计划;要着重反对保守思想与官僚主义;要树立计划即是国家法律的观念。

2月7日 中共天津市委召开全市工业干部会议,动员制定定额和计划。23日,市委地方国营工业局委员会召开所属党、政、工、团干部大会,动员各厂反虚假隐瞒、反骄傲自满、反官僚主义,进一步加强党的领导,加强思想工作,为制定定额和计划工作创造条件。

2月9日 天津市妇联召开二届二次妇代会,动员全市妇女积极参加贯彻婚姻法运动。

5月14日 天津市人民政府发出《关于撤销天津县人民政府建制,成立四个郊区人民政府的指示》,决定从5月15日起,将原天津县管界划为津东、津南、津西、津北四个郊区,撤销天津县人民政府建制,成立津东、津南、津西、津北四个郊区人民政府。

7月1日 第一次全国人口普查登记开始。天津市总人口为455.4862万人,其中男性241.0923万人,女性214.3939万人。

10月16日 中共中央作出关于粮食计划收购与计划供应的决议。天津市认真贯彻执行,在城市,从11月1日开始实行面粉计划供应,从12月1日开始实行粮食全面计划供应。在郊区,从12月18日开始实行粮食统购统销政策。

10月29日 天津市第四届各界人民代表会议第三次会议召开。会议的主要任务是,贯彻国家在过渡时期的总路线,讨论过渡时期中有关财经工作的重要问题。会议听取并讨论了《关于国家过渡时期的总路线及有关财经工作的一些问题的报告》。

12月 中共天津市委向中共中央华北局提交《关于实行粮食全面计划供应后对私营粮商的处理具体情况请示报告》,指出对私营粮商尽量全部维持,然后再作精细处理,避免可能发生的副作用。该报告提出对粮食批发商、磨坊业户与私营粮食零售店的具体处理办法。同月,中共中央华北局批转了这个请示报告。

本年 全市常住户籍人口为462.21万人,全市地区生产总值为17.58亿元,人均地区生产总值为393元,农业总产值为2.48亿元,工业总产值为26.21亿元,地方财政预算内收入为5.82亿元,全社会固定资产投资额为1.58亿元,城镇居民人均可支配收入为218元,农民人均纯收入为87元。

1954年

1月4日至13日 中共天津市委农村工作委员会举办郊区农业生产互助合作训练班。

2月11日 中共天津市委发出《关于郊区互助合作运动的几点指示》,要求各郊区党组织积极领导农民办合作社。

2月16日至22日 中共天津市委召开第一次手工业工作会议。

3月4日至10日 天津市召开第一次民政会议。会议的主要任务是,根据国家过渡时期总路线和第二次全国民政会议精神,总结检查全市五年来的民政工作,并确定1954年的工作任务。会议认为,五年来,天津市的民政工作是有很大成绩的。在政权建设方面,几年来比较全面系统地加强了区级政权建设,通过区、街民主建政运动,全市普遍建立了街公所和居民委员会,进一步巩固了人民民主专政。通过各级各界人民代表会议的召开,贯彻了党和人民政府的各项政策,有力地推动了各项社会民主改革和生产建设工作。优抚工作、社会救济工作,以及贯彻《婚姻法》等工作都取得显著成效。

3月4日至11日 中共天津市委召开公私合营工作会议,传达中共中央关于《将资本主义工业有步骤地基本上改变为公私合营工业的意见(草稿)》的精神,讨论通过了天津市1954年公私合营工作计划,对公私合营工作的若干政策进行了研究。

6月16日 中共天津市委发出《开展宪法草案的宣传和讨论》的指示。市委决定在全市范围内进行宪法草案的宣传和讨论。至8月中旬，全市约有77万人参加了宪法草案的学习和讨论（《中华人民共和国宪法草案》于1954年6月14日，在中央人民政府委员会第三十次会议上通过）。

7月20日至29日 中国共产党天津市第一次代表大会召开。会议根据党在过渡时期的总路线和党的七届四中全会决议精神，总结和检查了市委自1952年8月首次党代表会议以来的工作，确定了今后工作的基本方针和任务，并选举产生了新的中共天津市委员会。

8月9日至13日 天津市第一届人民代表大会第一次会议举行。会议审议通过《天津市人民政府关于解放以来的工作和今后工作任务的报告》《天津市人民政府关于天津市1953年度财政决算和1954年度财政预算草案的报告》《天津市普选工作完成情况的报告》和《关于宪法草案的宣传讨论工作的报告》，还通过了《天津市第一届人民代表大会代表资格审查委员会关于代表资格审查的报告》和《拥护中华人民共和国宪法草案的决议》。选举出天津市出席第一届全国人民代表大会代表28人。

本年 全市常住户籍人口为478.37万人，全市地区生产总值为16.98亿元，人均地区生产总值为364元，农业总产值为2.38亿元，工业总产值为29.43亿元，地方财政预算内收入为5.87亿元，全社会固定资产投资额为2.02亿元，城镇居民人均可支配收入为223元，农民人均纯收入为89元。

1955 年

1月5日　中共天津市委发出《关于在郊区改造落后村的指示》。

1月13日　中共天津市委发出《关于爱护机器设备、检查机器设备保养状况的指示》。

2月10日　中共天津市委发出《关于春耕生产的指示》，要求郊区按照为城市服务的方针部署生产，以互助合作为中心，开展爱国竞赛；中共各郊区工作委员会要把春耕生产提到重要议事日程，以免延误农时。

3月1日　根据2月17日国务院第五次会议通过的《关于发行新人民币和收回现行人民币的命令》，中国人民银行在全国发行新人民币，收回旧人民币。天津市350多个兑换机构开始兑换新人民币。新旧币的折合比率为1元新币等于1万元旧币。至6月11日，发行新人民币的工作胜利完成，旧人民币自此日起停止收兑。

3月6日至9日　中国人民政治协商会议天津市第一届委员会第一次会议召开。会议听取和讨论了《关于天津市六年来统一战线工作的报告》《关于中国人民政治协商会议第二届全国委员会第一次全体会议情况的传达报告》《关于天津市协商委员会几年来工作的报告》，通过了决议和《向中国人民解放军华东前线全体指战员的致敬电》，选举产生政协天津市第一届委员会主席、副主席、常务委员和秘书长。

3月下旬　天津钟表厂制造出第一只国产机械手表（仿瑞士"铁

达时"），定名为"五一"牌手表，并开始小批量生产。至此，结束了我国不能制造手表的历史。

6月27日至7月4日 中共天津市委召开党代表会议。会议传达贯彻党的全国代表会议关于第一个五年计划草案和关于成立中央和地方监察委员会等决议；听取和讨论《关于天津市发展国民经济第一个五年计划的报告》《关于反对进行宗派活动、损害党的利益、破坏党的团结的报告》，并作出相应的决议；选举产生中共天津市监察委员会，同时宣布撤销市委纪律检查委员会。

7月1日 根据国务院6月18日发出的《关于统一国家机关工作人员工资制度的通知》，天津市从本月起，改变国家机关一部分工作人员原来享受的包干制待遇，一律实行工资制。

7月11日 中共天津市委、市人民委员会联合发出《关于提高中小学教育质量的指示》，要求切实办好一批重点中学和中心小学，起到示范作用。

12月7日至12日 中共天津市委召开扩大会议。会议传达《中共中央关于资本主义工商业改造的指示》精神，提出到1957年，争取全市私营工商业基本上按行业实现公私合营，把对资本主义工商业的社会主义改造工作推进到一个新的阶段。

12月28日 天津市各郊区入社农户已有71949户，占总农户的82.71%，并出现了50多个高级社和160个百户以上的大社，基本实现了农业合作化。

本年 全市常住户籍人口为487.32万人，全市地区生产总值为17.12亿元，人均地区生产总值为357元，农业总产值为3.00亿元，工业总产值为30.09亿元，地方财政预算内收入为6.10亿元，全社会固定资产投资额为1.39亿元，城镇居民人均可支配收入为232元，农民人均纯收入为76元。

1956年

1月1日 天津市人民委员会根据国务院《关于市辖区的名称按地名称呼的规定》，将本市一至八区分别更名为和平区、城厢区、河北区、河东区、新华区、河西区、南开区、红桥区。

1月9日 天津市全部私营商业被批准按行业实行公私合营。14日，全市50多个私营工业行业被批准实行公私合营。至此，全市101个私营工商行业26000多户（包括18万多从业人员），除粮食零售商业已改造为国营门市部外，全部被批准实行公私合营。天津市是继北京之后的第二个全市资本主义工商业实行公私合营的大城市。

1月16日 天津市手工业全部实现合作化。全市参加合作社人数共83000多人，占全市手工业劳动者总数的90%以上。18日，天津市手工业联合社筹备处、市手工业管理局召开10万手工业者参加的广播大会，宣布全市手工业者实现社会主义合作化。

1月18日 天津郊区实现社会主义农业合作化。全市4个郊区和塘沽区已经建立和被批准建立的高级农业生产合作社共有340个，入社农户73946户，占总农户的90.56%。

同日 天津市胜利完成社会主义改造任务，庄严地宣布进入社会主义社会。

5月13日至15日 天津市手工业生产合作社第一届社员代表大会召开。

7月2日至12日 中共天津市委统战部分别邀请各民主党派天津

市地方组织负责人，就如何贯彻中国共产党与各民主党派"长期共存、互相监督"方针和检查统一战线工作等问题交换了意见。

7月5日 中共天津市委发出《关于工资改革工作的指示》。至10月17日，天津市工资改革工作基本结束，许多系统职工工资比上年平均增长11%以上。

7月13日 中共天津市委发出《关于进一步开展先进生产者运动的指示》。

7月19日至30日 中国共产党天津市第二次代表大会召开。会议总结了市委自1954年7月第一次党的代表大会以来的工作，对以后的工作进行安排部署。会议讨论通过《发掘一切潜力，发展经济，支援国家社会主义建设》的工作报告和《一年来工作情况报告》。

9月2日 我国自制的第一批玻璃纸在天津第一人民制造厂正式投产，结束了这种纸过去一直依赖国外进口的历史。

10月7日 据有关部门统计，天津市知识分子（高中肄业以上水平）的队伍已发展到11万人，其中高级知识分子约有3000人。以1955年和1949年比较，中学教师已增加了3.3倍，工程技术人员增加3倍以上，医务工作者增加将近3倍。

10月13日 中共天津市委召开全体会议，传达学习党的第八次全国代表大会精神。会议决定组织全市干部学习党的第八次全国代表大会文件，在深入学习的基础上，检查工作，检查思想，改进领导，改进工作，克服主观主义、官僚主义和宗派主义，具体地执行党的八大决议。

本年 全市常住户籍人口为506.91万人，全市地区生产总值为20.70亿元，人均地区生产总值为419元，农业总产值为3.01亿元，工业总产值为35.68亿元，地方财政预算内收入为6.68亿元，全社会固定资产投资额为2.03亿元，城镇居民人均可支配收入为219元，农民人均纯收入为68元。

1957 年

1月1日　中共天津市委发出《关于加强农村党的领导，积极整顿巩固农业合作社，大力开展冬季生产的指示》，要求全市农村按照中央"肯定成绩，克服缺点，巩固胜利，继续前进"的精神，开展整党、整社和冬季生产。提出今后的生产必须贯彻多种经营、郊区农业为城市服务的方针。

3月5日　中共天津市委发出组织学习《中共中央关于1957年开展增产节约运动的指示》的通知，要求全市各级党组织进一步发动群众，克服官僚主义，迅速掀起增产节约运动的高潮。此后，天津市增产节约运动蓬勃展开，至4月3日，全市有80%以上的工厂、98%的职工投入这一运动。

3月21日　国产第一台自动卷染机在天津纺织机械厂试制成功。

9月　据有关部门统计，天津解放8年来，工业每年平均发展速度为27.19%。在工业总产值中，重工业增长最快，每年平均发展速度是47.9%。重工业在工业总产值中所占的比重由1949年的12.7%提高到1956年的36.52%。天津市工业总产值仅次于上海市和辽宁省，居全国第三位。天津市已拥有纺织、钢铁、机器制造、化学、造纸、橡胶、电力、食品等比较完整的工业，逐步成为一个综合性的工业城市。

12月3日　中共天津市委决定，抽调一批党员干部到各大、中、小学和医院等单位担任党或行政领导工作，加强党对文教、卫生事业的领导。

12月25日 据《天津日报》报道，在天津市党政机关、人民团体和企业、事业单位下放的39000多名干部中，参加农业生产的12052人，参加工业生产的15895人，参加手工业、建筑、运输、渔、盐等业生产的2544人，到商业部门当售货员和服务员的1044人，充实基层的7906人。已下放干部中，党团员占总数的43.5%，下放干部的成分以学生出身的占比重最大。

12月28日 中共天津市委国营工业交通工作部和地方工业部召开全市工业领导部门和工厂企业党的干部大会，动员结合整改，深入开展增产节约运动，掀起新的生产高潮，完成和超额完成明年的国家计划。会议还提出第二个五年计划期间天津工业生产的任务及必须做好的几项工作。

本年 全市常住户籍人口为529.65万人，全市地区生产总值为24.11亿元，人均地区生产总值为468元，农业总产值为3.23亿元，工业总产值为40.44亿元，地方财政预算内收入为7.99亿元，全社会固定资产投资额为2.40亿元，城镇居民人均可支配收入为240元，农民人均纯收入为92元。

1958年

2月11日 经中共中央批准，第一届全国人大五次会议决定，将天津市由中央直辖市改为河北省省辖市。

2月21日 河北省人民委员会决定将原河北省汉沽市和军粮城、李庄子、中心庄三个乡镇划归天津市。

2月 天津市人民委员会发出《关于改革本市商业体制的指示》，决定除大型商场和中西药、广告、天然冰三行业不下放外，零售商业全部交由区领导。各区分别设立百货、煤建、副食品、福利、饮食、粮食、日用杂品等公司。区人民委员会设财粮贸易办公室。

3月9日 天津动力机厂试制成功我国第一台高速450匹马力柴油机，可供水陆两用。

3月 国营天津无线电厂试制成功我国第一台电视接收机。

4月10日 我国自主研制的第一台40匹马力轮式万能中耕柴油拖拉机在天津诞生。

5月1日 以灌溉河南、河北、山东三省100多万公顷农田的引黄济卫灌溉扩建工程完工，举行放水典礼，黄河水引向天津。

5月27日 天津国棉一厂创办的本市第一所半工半读中学举行开学典礼。

5月 中共天津市委决定在北仓建立重型机电工业区，安排8个大厂：铸锻中心厂、汽轮机厂、水轮机发电厂、重型通用机械厂、重型机床厂、中型机床厂、高压锅炉厂、油泵油嘴厂。并决定建立北仓重型机电工业区建设委员会。

6月7日　天津市人民委员会召开扩大会议，通过《关于改造海河的规划及施工的方案（草案）》。23日，中共天津市委发出《关于动员全党和全市人民积极参加海河改造工程的通知》。通知指出，7月初改造海河工程将全面开工。改造海河的基本点是使海河咸水淡水分家，清水浊水分流。具体方法是在海河口建闸，不让海水进入海河；改建市区下水道，不让污水流入海河。从而使海河变为淡水河、清水河。11月18日，海河建闸工程拦河大坝合龙。12月28日，海河建闸工程竣工典礼大会隆重举行。

6月13日　国营天津广播器材厂试制成功我国第一台一千瓦超声波发声器。

9月9日　河北省人民委员会批准，将天津市的8个市区和4个郊区调整为6个区，再加上塘沽区和汉沽区，共8个区，即红桥区、南开区、河东区、河北区、河西区、和平区、塘沽区、汉沽区。10月1日起实行新的行政区划。

12月20日　国务院第八十三次会议批准河北省人民委员会第二次会议通过的《调整河北省行政区划方案》，决定撤销天津专区，将原天津专区所属的盐山、黄骅、静海、任丘、武清、霸县、河间、交河、献县、吴桥、宁津、沧县等12个县，划归天津市领导。

本年　全市常住户籍人口为548.29万人，全市地区生产总值为32.49亿元，人均地区生产总值为607元，农业总产值为2.94亿元，工业总产值为61.94亿元，地方财政预算内收入为16.31亿元，全社会固定资产投资额为5.86亿元，城镇居民人均可支配收入为243元，农民人均纯收入为71元。

1959 年

1月10日 中共天津市委召开全体会议，这是天津市与天津专区合并后的首次会议，宣布天津市和天津专区合并后新组成的中共天津市委员会。会议研究讨论了天津专区和天津市合并后农村工作方面的组织机构和主要干部配备等工作。

1月15日 经国务院批准，河北省人民委员会决定将唐山专区的宁河县（除一个公社归玉田县外）划归天津市管辖。

3月17日 中共天津市委发出《关于干部参加体力劳动的指示》，要求干部参加体力劳动成为一项经常制度。25日，天津市首批局、处长以上干部260人到工厂、农村参加体力劳动。

3月19日 中共天津市委发出《关于整顿巩固街道生产服务合作社的指示》，要求紧密结合生产，切实解决生产和管理中的各项问题，全面整顿和巩固居民生产组织，健全和纯洁生产服务合作社组织，巩固和发展集体生活福利组织。

4月6日 中共天津市委发出《关于做好粮食工作，安排人民生活的紧急指示》，要求加强政治思想工作，树立自力更生、克服困难的信心，渡过春季的困难；切实做好粮食工作，认真做好统销，严格控制销量，堵塞供应漏洞，把一切可以少销的粮食坚决减下来，还要继续做好征购工作；全面安排人民生活，认真解决烧柴、饲草和生产生活所需资金问题，大力开展多种经营，增加收入。

7月31日 天津市精减职工11万多人，精减下来的人补充了新建扩建的薄弱环节。

9月13日至10月3日　第一届全运会在北京召开。天津举重运动员赵庆奎获轻重量级第一名；游泳运动员穆祥雄以1分11秒1打破男子100米蛙泳1分11秒4的世界纪录。

本年　全市常住户籍人口为567.52万人，全市地区生产总值为41.25亿元，人均地区生产总值为744元，农业总产值为3.40亿元，工业总产值为85.15亿元，地方财政预算内收入为22.38亿元，全社会固定资产投资额为6.43亿元，城镇居民人均可支配收入为255元，农民人均纯收入为92元。

1960 年

1月14日至16日　中共天津市委召开财贸、街道、文教卫生、工会、妇联等系统干部会议，要求各部门进一步全面地组织好人民的经济生活，大力支持副食品生产。

3月12日　中共天津市委发出《关于1960年蔬菜工作的指示》，要求全市1960年蔬菜种植面积必须达到8.8万公顷（近郊区2.37万公顷），其中供应市内的商品蔬菜面积2.28万公顷，农村人口每人平均66.67平方米菜地，总产量达到40亿千克。

4月3日　天津市举行工业生产大会战誓师大会，近2万人参加。会议提出迎接五一生产大会战的三大任务：一是千方百计增产节约，克服薄弱环节，全面超额完成4月份国家计划；二是大力支援农业技术改造和支持城市人民公社的发展；三是高速度对工业进行技术改造，向高、精、尖进军。

5月5日　中共天津市委发出《关于动员全党全民坚决战胜春旱的紧急指示》，要求各级党委集中力量抓农村抗旱斗争。11日至14日，市委召开县委第一书记会议，检查抗旱情况，对进一步开展抗旱运动作出全面部署。此后，全市组织了11000多人的检修大军奔赴县、社修配机械，支援抗旱斗争。

6月11日　中共天津市委召开常委会议，讨论《天津市国民经济1960—1962年基本建设国家投资规划》《天津市工业布局规划》《天津市城市规划》等。

6月18日 天津市召开科学技术"三军"（高等学校、科研部门、工厂）协作，迎接七一誓师动员大会。会议提出，大搞原材料的增产节约和综合利用；大力推广新工艺、新技术；向高精尖进军，进行产品设计革命；帮助县、社工业加速技术改造。

7月12日 中共天津市委、市人民委员会联合发出《关于节约粮食、准备度荒的指示》。

7月27日 天津市连降暴雨，积水成灾，全市洪涝面积达33.3万公顷，大量减产或绝收土地约20万公顷。为战胜洪涝灾害，8月6日至7日，中共天津市委召开蓟县、宝坻、武清、霸县第一书记会议，研究四县防涝排涝问题。

8月11日 市委发出《关于进一步开展防涝排涝斗争的紧急指示》，要求动员广大干部和群众积极开展防涝、排涝斗争。

8月19日 市委发出《关于迅速开展生产自救运动的紧急指示》，要求立即大力开展生产救灾工作，在12月底前，灾区每人平均种菜三五分地，种麦二三亩，储备代食品250千克，柴草500千克，以渡过灾荒。

11月23日 中共天津市委发出《关于今冬明春切实搞好农村人民卫生保健工作的指示》，要求结合整顿食堂，搞好食堂卫生；结合积肥，搞好垃圾粪便处理，改善环境卫生；大力开展以浮肿、伤寒、子宫脱垂和慢性肠胃病为重点对象的疾病普查普治工作；由市内抽调1300名医务人员支援各县医疗机构，将8000余人的农村医疗队伍充分调动起来，对县、社、队的医疗机构加以健全和提高。

本年 全市常住户籍人口为583.53万人，全市地区生产总值为42.66亿元，人均地区生产总值为746元，农业总产值为3.17亿元，工业总产值为96.04亿元，地方财政预算内收入为22.43亿元，全社会固定资产投资额为7.54亿元，城镇居民人均可支配收入为264元，农民人均纯收入为92元。

1961年

1月20日　中共天津市委召开书记处会议，传达贯彻党的八届九中全会精神，要求认真总结几年来的经验教训，按照党的"调整、巩固、充实、提高"的八字方针重新考虑、安排天津工作。

1月23日　中共天津市委召开书记处会议，研究安排当前农村人民生活和整风整社问题。会议决定，根据"低指标"原则，进一步安排各县吃粮问题。

1月26日　中共天津市委工业生产委员会召开会议，布置第一季度工业生产。会议强调要认真贯彻执行党的"调整、巩固、充实、提高"的八字方针和市委关于"大抓思想、大抓生活、促进生产"的方针。

3月16日　中共天津市委召开书记处会议。根据中央和河北省委指示，决定将天津市所辖14个县划分为天津专区和沧州专区。天津专区包括蓟县、宝坻、霸县、武清、静海5个县；沧州专区包括沧县、任丘、黄骅、献县、河间、盐山、吴桥、宁津、交河9个县。沧州专区由河北省直接领导，天津专区由省、市双重领导。两专区于6月正式分开。

6月3日　中共天津市委召开书记处会议，听取天津地委关于各县县委书记会议的情况；研究了粮食、渡过夏荒、农业生产和各县压缩非农业人口问题。会议决定胜芳镇直属天津地委领导。

6月4日　天津市各郊区分别召开农村四级干部会议，贯彻中央和河北省委关于粮食生产奖励的"八项政策"和"取消食堂及供给制"的决定。

6月16日 中共天津市委召开常委会会议,研究压缩城市人口,支援农业问题。决定全市3年内压缩城市人口30万人,本年度压缩10万人。

7月17日 天津专区划出天津市,划归河北省。

10月11日 中共天津市委召开书记处会议,讨论并通过《天津市国民经济调整工作纲要》。该纲要根据中央"农、轻、重"的方针及八字方针,提出今后3年内,以调整为中心,主要任务是:严格控制城市规模,不再扩大,全市人口维持在390万人以内,其中市区人口控制在320万人左右。调整工业生产,缩短基本建设战线,把该退的行业和产品坚决地退下来,加强支援农业的产品的生产,加强轻工业和手工业的生产,加强国防尖端所需要的新材料和新产品的试制及生产。努力提高工业产品质量,增加品种,增加高级、精密产品,降低消耗,提高劳动生产率,加强设备维修,并且结合生产的调整进行技术改造。围绕工业调整,相应地调整交通运输业和商业,补充文教卫生和城市建设的薄弱方面。整顿各个经济部门和工商企业的管理,建立健全规章制度,改进工资奖励办法,解决有些行业集体所有制过渡过早的问题。

本年 全市常住户籍人口为584.23万人,全市地区生产总值为28.41亿元,人均地区生产总值为489元,农业总产值为2.95亿元,工业总产值为51.54亿元,地方财政预算内收入为11.88亿元,全社会固定资产投资额为2.54亿元,城镇居民人均可支配收入为258元,农民人均纯收入为77元。

1962年

1月6日 中共天津市委召开书记处会议，研究1962年全市工作计划和调整市区领导体制等问题，要求在工业方面着重搞好生产调整和抓好增产措施，发动群众开展增产节约运动。

2月12日至19日 中共天津市委连续召开书记处会议和常委会会议，学习讨论扩大的中央工作会议精神。3月11日至30日，市委召开全委扩大会议，学习贯彻扩大的中央工作会议精神，并从14日开始，向全市17级以上党员干部传达。

5月28日 中共天津市委召开全市党员干部大会，听取《关于当前经济形势和精兵简政、压缩城市人口、开展增产节约》的报告。

7月17日 中共天津市委召开书记处会议，听取市总工会党组汇报《关于整顿职工困难补助工作的意见》和《对福利费超支情况的调查报告》。

8月9日 中共天津市委、市人委批转市财委《关于开展供销合作社自营业务、恢复商品流通渠道、活跃城乡物资交流的试行方案》。

8月10日 中共天津市委、市人委共同组织天津市经济访问团，分赴东北、西北、华北及河北省各专区进行访问，征求各地对天津市工业产品的意见和要求，以加强地区协作和城乡交流，积极发挥支援农业的作用。

8月15日 河北省唐山专区所属汉沽市划归天津市领导，改为汉沽区。

11月25日　天津市广播函授大学第一届毕业生举行毕业典礼。会上1055名中文系毕业生领到了高等专科学校毕业文凭。另有149人在广播函授大学附设的高中文科、理科和大学预科毕业，也同时领到毕业文凭。

12月1日　经国务院批准，将北大港全部水面和黄骅、静海两县部分地区划归天津市，并设立北大港区建制。

本年　全市常住户籍人口为595.63万人，全市地区生产总值为24.25亿元，人均地区生产总值为414元，农业总产值为2.78亿元，工业总产值为45.39亿元，地方财政预算内收入为9.77亿元，全社会固定资产投资额为1.86亿元，城镇居民人均可支配收入为252元，农民人均纯收入为65元。

1963 年

1月11日 中共天津市委批转市人委党组《关于本市人口自然增长情况和进一步加强计划生育工作的意见》。根据中共中央、国务院关于认真提倡计划生育的指示精神及天津市情况，市委决定，成立由各有关部门参加的市计划生育委员会，负责领导和推动计划生育工作。

2月1日 天津市举行了全市工业、基建、交通工作会议。会议确定1963年全年的任务是，继续执行"八字方针"，把工业部门的工作转移到以农业为基础的轨道上来；增加品种、规格，提高产品质量，提高企业管理水平，开展增产节约运动，全面完成国家计划。

2月4日 中共天津市委发出《关于加强党的监察组织的指示》。

2月11日 中共天津市委根据中央《关于厉行增产节约和"五反"的指示（草稿）》精神，对本市"五反"运动作出初步部署。

8月2日至9月27日 天津市遭遇了有史以来罕见的特大洪水。8月7日，中共天津市委发出《关于做好防汛工作的紧急通知》。8日，市委、市人委召开防汛工作会议，部署防汛工作。全市先后近100万人参加了抗洪斗争。

11月17日 中共中央主席毛泽东题词："一定要根治海河。"

11月20日 天津市各界人民为支援河北省部分灾区生产自救，捐献人民币800多万元，粮食1000多万斤，各种衣服、被褥、鞋袜等物品66.9万件。

本年　全市有常住户籍人口615.33万人，全市地区生产总值为26.65亿元，人均地区生产总值为442元，农业总产值为2.98亿元，工业总产值为48.95亿元，地方财政预算内收入为10.06亿元，全社会固定资产投资额为2.58亿元，城镇居民人均可支配收入为250元，农民人均纯收入为88元。

1964年

2月9日 中共天津市委转发市委工业部、科委《关于贯彻中央对自然科学工作中若干政策问题指示的意见》。

2月10日 中国农业银行天津分行成立。该行是1963年11月经天津市委、市人民委员会批准开始筹建的。

2月19日 中共天津市委、市人委联合召开1964年郊区农业生产动员大会。参加会议的有区、公社、生产大队、生产小队的负责人及农业劳动模范、贫下中农代表2000余人。会议提出，要继续贯彻郊区生产为城市服务的方针，发展多种经营，为城市提供更多的副食品。

7月7日 天津市有840多名知识青年赴甘肃参加社会主义建设。至此，本年天津市已有近8000名知识青年上山下乡参加生产建设。

8月14日 中共天津市委发出《关于市、区主要领导干部轮流深入基层蹲点的决定》。

9月22日 中共天津市委、市人委决定建立市第二教育局，统一管理全市半工半读学校、职业学校、技工学校、中等专业学校和职工业余教育。

9月30日 中共天津市委、市人委转发《天津市1964—1970年工业科学技术发展规划纲要（草案）》。规划纲要提出1000个研究项目，包括4000个研究课题，分属88个专业。

10月14日 中共天津市委、市人委联合发出《市委、市人委关于试行托拉斯的通知》，决定在天津市机床工具、造纸、染料化学三个公司试行托拉斯。

11月7日 中共天津市委、市人委联合发出通知，决定成立天津市支援内地建设办公室。

12月12日 天津市人民委员会发出《关于把市区摊贩市场改为国营零售市场并加强市场管理工作的通知》。

本年 全市有常住户籍人口629.52万人，全市地区生产总值为30.59亿元，人均地区生产总值为494元，农业总产值为3.11亿元，工业总产值为55.20亿元，地方财政预算内收入为12.82亿元，全社会固定资产投资额为3.59亿元，城镇居民人均可支配收入为256元，农民人均纯收入为83元。

1965 年

1月12日至15日 京津工业和手工业对口协作竞赛会议召开。会议总结了前一阶段竞赛经验，签订了新的竞赛协议。参加会议的有京津两市轻工业和手工业系统120多个单位的厂长、工会主席、老工人和工程技术人员共500多人。

5月27日 中共天津市委发出《关于工业、财贸系统调整领导体制和建立政治工作机构的决定》。决定设立市委工交政治部和市委财贸政治部。

6月30日至7月14日 天津市召开农业系统市、区、社三级干部会议，总结几年的工作，分析农业战线的形势，讨论郊区的农业"三五"规划和十年设想（草案）。

7月7日 天津市人民委员会发出《关于进一步开展增产节约的指示》，要求在增产节约运动中必须坚持"质量第一、品种第一"的方针，不能片面追求产量，影响质量；厉行节约，主要指国家机关和企事业单位的节约，要把一切不急需的、非生产性的开支节约下来，但不要搞到群众生活中去，干涉群众的正常消费。

7月28日 中共天津市委批转天津市连杆厂进行技术革命的经验。连杆厂在两年内将19台破旧机床改装成一条生产汽车连杆的专用生产线，又把只能生产一个品种的生产线变成可以生产六个品种的通用生产线，生产工序由39道缩减到32道，产品质量由一级品升到优级品，节约人力近40%，产品成本下降30%。

9月12日至13日　中共天津市委召开常委扩大会议，讨论天津市工业"三五"规划、1966年计划等问题。

10月15日　河北省根治海河第1期工程——黑龙港地区排水工程全面开工。参加施工的有邯郸、邢台、石家庄、保定、衡水、沧州、天津7个专区94个县（市）的50多万民工。

本年　全市有常住户籍人口637.80万人，全市地区生产总值为35.96亿元，人均地区生产总值为571元，农业总产值为4.82亿元，工业总产值为66.35亿元，地方财政预算内收入为13.33亿元，全社会固定资产投资额为2.91亿元，城镇居民人均可支配收入为261元，农民人均纯收入为92元。

1966 年

1月10日至12日 中共天津市委、市人委召开"技术革命、赶超先进水平"大会。市食品二厂、市汽车拖拉机配件工业公司、北海电器社和染化三厂介绍经验。会议号召全市职工大搞科学实验和技术革命运动，为赶上和超过国内外先进水平、改变天津工业生产面貌而奋斗。

1月19日 中共天津市委、市人委发出《关于充分发动群众、深入开展增产节约运动的指示》指出，1966年是我国第三个五年计划的第一年，为了保证工农业生产高潮持续地发展，必须挖掘潜力、厉行节约，坚决克服一切浪费现象，实现增加生产、降低成本的要求。

3月20日 中共天津市委、市人委召开天津郊区林业工作会议，总结16年来郊区林业工作，要求迅速掀起植树造林的高潮。

4月9日 中共河北省委、河北省人民委员会决定将省会由天津市迁往保定市。

8月15日 天津手表厂在全国首先独立设计制造出"东风"牌手表，结束了我国只能仿造手表的历史。

本年 全市有常住户籍人口640.85万人，全市地区生产总值为39.31亿元，人均地区生产总值为618元，农业总产值为3.98亿元，工业总产值为80.42亿元，地方财政预算内收入为15.91亿元，全社会固定资产投资额为3.84亿元，城镇居民人均可支配收入为259元，农民人均纯收入为113元。

1967 年

1月2日 中共中央决定：天津市由河北省省辖市改为中央直辖市。

6月1日至17日 由日本国际贸易促进协会主办的日本科学仪器展览会在天津举办。参加展出的有日本商社30家、厂商89家。

本年 全市有常住户籍人口649.72万人，全市地区生产总值为33.62亿元，人均地区生产总值为524元，农业总产值为4.59亿元，工业总产值为68.27亿元，地方财政预算内收入为12.64亿元，全社会固定资产投资额为1.73亿元，城镇居民人均可支配收入为255元，农民人均纯收入为141元。

1968 年

2月26日 天津市革命委员会工业生产指挥部工业组《关于汽车工业调查情况汇报》指出，天津市汽车生产，从1965年开始试制，至1967年底共生产出三种汽车共832辆。其中，越野车431辆，轻型卡车394辆，旅行轿车7辆。

7月13日 天津市在"三五"计划期间根治海河的工程——开挖子牙河新河河道土方工程、建筑子牙新河海口枢纽工程和北大港治理工程，已提前两年完成。

10月11日 天津钢厂金属分厂成功制造出我国第一台异型钢丝冷轧机，填补了异型钢丝制造工业的一项空白。

12月6日 天津碱厂实现真空制盐新工艺，达到20世纪60年代世界先进水平；生产效率提高了7.75倍，成本下降20%。

本年 全市有常住户籍人口655.04万人，全市地区生产总值为34.77亿元，人均地区生产总值为535元，农业总产值为4.49亿元，工业总产值为69.13亿元，地方财政预算内收入为12.75亿元，全社会固定资产投资额为2.13亿元，城镇居民人均可支配收入为257元，农民人均纯收入为118元。

1969年

6月8日　根治大清河第1期工程——治理独流减河工程竣工。共开挖河道68千米，修建1000米混凝土桥梁3座，大型枢纽闸2座。

7月26日　京津公路主要桥梁——永定新河大桥建成通车。该桥全长460米，宽17米。

8月5日　经国务院批准，由河北省和天津市达成协议，在河北省涉县筹建天津炼铁基地（即"6985工程"，今天津涉县铁厂）。该工程计划规模年产生铁100万吨。

本年　全市有常住户籍人口650.75万人，全市地区生产总值为42.87亿元，人均地区生产总值为661元，农业总产值为3.99亿元，工业总产值为88.47亿元，地方财政预算内收入为19.52亿元，全社会固定资产投资额为3.89亿元，城镇居民人均可支配收入为267元，农民人均纯收入为96元。

1970 年

6 月 8 日　天津市电焊机厂成功制造出我国第一台具有世界先进水平的 2.7 万千瓦秒电容储能式电焊机。

同日　第二电子仪器厂自行设计制造成功具有世界先进水平的晶体管音频频谱分析仪,频率技术精度超过国外同类产品的 10 倍。

10 月 19 日　永定新河工程动工。该工程全长 61 千米,提高了海河北系排洪能力,并对天津市饮水卫生、工业用水及农业灌溉起到很大作用。

12 月 15 日　我国第一台 6000 吨水压机制造成功,在天津重型机器厂正式开锻投产。

12 月 16 日　天津港务局建成我国第一艘千吨级水泥驳船"新港号"。

本年　全市有常住户籍人口 652.70 万人,全市地区生产总值为 50.99 亿元,人均地区生产总值为 791 元,农业总产值为 5.20 亿元,工业总产值为 102.77 亿元,地方财政预算内收入为 28.02 亿元,全社会固定资产投资额为 6.17 亿元,城镇居民人均可支配收入为 281 元,农民人均纯收入为 145 元。

1971年

3月15日　据《天津日报》报道，南开医院近年来用中西医结合办法，在治疗阑尾炎、肠梗阻、胰腺炎等急腹症方面，取得一定疗效，扩大了非手术疗法的范围，对急腹症的治疗摸索出一条新路。

5月10日　天津市革命委员会决定，建立市文教组，主管全市文化、教育、卫生工作。

5月15日　天津衡器厂在天津大学等单位协助下，试制成功我国第一台电子计算秤。

5月22日至26日　中国共产党天津市第三次代表大会召开。

6月8日　由天津市机动车修配厂总装的TJ130型汽车开始批量生产。

7月18日　据《天津日报》报道，永定新河工程完工，入海口的重要工程——北塘铁路大桥同时建成通车。该桥双线桥身，全长1000米。

8月21日　中共天津市委召开常委会议，决定将250万吨石油化工总厂厂址设在南郊区（今津南区）万家码头附近。

10月5日　根治海河配套工程——北郊区郎园引河工程开工。

本年　全市有常住户籍人口663.41万人，全市地区生产总值为55.12亿元，人均地区生产总值为843元，农业总产值为5.41亿元，工业总产值为111.57亿元，地方财政预算内收入为32.35亿元，全社会固定资产投资额为6.56亿元，城镇居民人均可支配收入为294元，农民人均纯收入为159元。

1972年

1月28日　天津市革命委员会生产指挥部召开杨柳青电厂工程会议，强调杨柳青电厂是国家重点项目之一，今年要把第一台5万千瓦机组搞上去，并开始发电。第二台10万千瓦机组要开始安装，并于明年发电。

2月4日至11日　天津市召开农业学大寨会议。会议提出1972年农业生产的主要指标是：粮食8.5亿斤，蔬菜13亿斤，棉花2.1万担，油料作物1.6万担，水产品4.4万吨，生猪存栏数30万头到35万头。

2月29日　天津市锻压机床厂研制成功我国第一台6300吨双动薄板冲压液压机。

3月22日至28日　天津口岸协作会议召开，北京、河北、山西、内蒙古、陕西、甘肃、宁夏、青海、新疆、河南、天津等11个省、市、区的代表共130人来津参加会议。

5月10日　天津市"6985工程"（天津铁厂）第一座焦炉、高炉在河北省涉县建成投产，新建高炉生产的首批生铁运抵天津。

6月26日　根据财政部关于"财政资金与信贷资金一定要划清界限，分别管理，各级人民银行的名义必须保留"的指示精神，中国人民银行天津市分行正式恢复。

本年　全市有常住户籍人口674.65万人，全市地区生产总值为56.37亿元，人均地区生产总值为849元，农业总产值为4.44亿元，工业总产值为112.24亿元，地方财政预算内收入为31.22亿元，全社会固定资产投资额为7.98亿元，城镇居民人均可支配收入为308元，农民人均纯收入为139元。

1973年

1月1日 天津市行驶了67年的有轨电车，从即日起全部由公共汽车替代。

5月23日 中共天津市委、市革委会召开工业、交通、基本建设和财贸系统增产节约运动动员大会。

7月16日至18日 根据国务院本月7日《关于将河北省蓟县等5个县划归天津市的批复》，天津市与河北省在石家庄召开交接会议。划归天津市的5个县是蓟县、宝坻、武清、静海、宁河。

10月10日 天津市蓟运河复堤工程开始施工。该工程是根治北四河的收尾工程，也是天津市根治海河前10年计划的最后一仗。

12月10日 天津杨柳青电厂10万千瓦机组投产，这是天津市第一台10万千瓦机组。

12月15日 天津发电设备厂自行设计、制造我国第一台11000千瓦蓄能水轮发电机组。

本年 全市有常住户籍人口683.31万人，全市地区生产总值为60.33亿元，人均地区生产总值为893元，农业总产值为4.43亿元，工业总产值为123.50亿元，地方财政预算内收入为34.67亿元，全社会固定资产投资额为11.93亿元，城镇居民人均可支配收入为309元，农民人均纯收入为147元。

1974年

1月22日　天津大港油田天然气输入干管引进市区。

3月11日　京津公路加宽工程开工，9月6日竣工。

5月4日　天津石油化工总厂开始动工兴建。

5月29日　由天津新河船厂自行设计、自行制造的国内第一艘500吨浮吊船调试成功，投入使用。

6月8日　天津市扩大北大港水库北坝工程完工。

9月　胜利油田在渤海湾地区建成。

11月22日　天津市卫生局《关于今冬明春开展防病灭病群众运动的报告》称：一年来，农村实行合作医疗的大队，已发展到90%以上，赤脚医生已有8700多名，平均每个大队2.3名。

本年　全市有常住户籍人口692.47万人，全市地区生产总值为66.69亿元，人均地区生产总值为977元，农业总产值为5.52亿元，工业总产值为134.55亿元，地方财政预算内收入为36.98亿元，全社会固定资产投资额为15.61亿元，城镇居民人均可支配收入为315元，农民人均纯收入为157元。

1975 年

1月15日 天津市第一所农民业余大学——汉沽区茶淀公社农民业余大学正式开学。

5月22日 中共天津市委常委会会议决定，开发蓟县建材基地，逐步提高全市建材自给水平。

7月1日 铁路北环线（北塘—南仓）竣工通车。

8月7日 天津市召开工交战线技术革新、技术改造经验交流会。1974年下半年到1975年上半年，全市共实现技术革新、技术改造项目3.59多万项，其中重大项目3200多项，自制专机和改造老设备1.03多万台。

8月11日至17日 日本神户市经济贸易友好代表团一行11人在天津访问。

8月17日至10月25日 天津杂技团前往芬兰、瑞典、挪威、丹麦、冰岛、西班牙访问。

8月24日 天津新港船厂在有关单位协作下，设计、制造的我国第一部横跨船台200吨造船龙门吊车，试吊成功。

10月23日 天津市召开工交系统加强企业管理经验交流大会。

10月29日 天津市召开"全党动员，大办农业，为普及大寨县而奋斗"动员大会。

本年 全市有常住户籍人口702.86万人，全市地区生产总值为69.73亿元，人均地区生产总值为1011元，农业总产值为5.39亿元，工业总产值为 145.57 亿元，地方财政预算内收入为 39.17 亿元，全社会固定资产投资额为 16.25 亿元，城镇居民人均可支配收入为 324 元，农民人均纯收入为 147 元。

1976年

1月12日　天津市革命委员会向国务院报告，新港第3期扩建工程从1973年4月开始，到1975年，已建成13个万吨级以上货运泊位及相应的配套工程。

1月20日　京、冀、鲁、豫为解决天津市用水问题，让出汛期蓄水。

1月27日至28日　罗马尼亚政府贸易代表团到天津访问。

3月7日　我国第一个鼓泡式人工肺在天津市和平医院研制成功。

3月15日　天津市第1期南北排污河扩建、治理工程开工，于6月19日全线通水。

3月28日　由天津市主办的中国展览会在日本神户举行，共接待日本各地观众20多万人次。

7月28日　唐山发生7.8级强烈地震，波及天津市，造成严重破坏。全市重伤21497人，死亡24296人。遭到破坏的各种房屋建筑6300万平方米，占原有面积的61%，近70万人失去住房。据7个主要工业局统计，破坏严重的企业有289个，占企业总数的33%。农村社队用房遭到破坏的450万平方米，占社队用房总数的64%。大、中、小型水库遭到破坏的6座，北大港水库和于桥水库均受到严重破坏。天津人民在中国共产党的领导下，在各省、市、区和人民解放军的支援下，面对劫难，巍然屹立，以人定胜天的坚强信念，奋起投入抗灾斗争。在余震频发之际，先人后己，抢救群众，舍生忘死，排除险情，迅速恢复生产，社会秩序井然。

9月2日 天津市召开抗震救灾先进单位和模范人物代表会议，有2500多名代表和5000多名工农兵群众、机关干部、学生出席大会。

10月21日至24日 天津市举行集会和游行，热烈庆祝粉碎"四人帮"的历史性伟大胜利。

本年 全市有常住户籍人口706.50万人，全市地区生产总值为65.25亿元，人均地区生产总值为928元，农业总产值为5.21亿元，工业总产值为135.60亿元，地方财政预算内收入为33.30亿元，全社会固定资产投资额为13.58亿元，城镇居民人均可支配收入为337元，农民人均纯收入为125元。

1977 年

1月8日 中共天津市委召开工业、交通、基本建设和财贸战线工业学大庆座谈会。

1月18日至27日 中共天津市委召开全市农业学大寨会议。

1月19日 中共天津市委召开天津市深入揭发批判"四人帮"反党集团罪行大会。

2月26日 中共天津市委召开传达贯彻全国铁路工作会议精神动员大会。会议提出，要搞好社会主义企业管理，建立和健全科学的规章制度；搞好技术革新和技术改造，努力改进生产条件。

5月9日 天津市空气压缩机厂制成我国第一台中型油田气螺杆压缩机。

7月9日 中共天津市委召开市区区街革命友谊竞赛大会。要求各级党委要重视区街工作，充分发挥区街工作为生产、为工农群众服务的功能，把区街工作做好。

8月16日至22日 中共天津市委召开农村工作会议。会议总结本市20多年来农业生产和农田基本建设的经验教训，提出从1977年起，每年建设稳产高产田6.67万公顷，1980年全市稳产高产田达到26.67万公顷；1980年全市粮食平均亩产达到325千克，力争400千克，总产量达到18亿千克至22亿千克。

9月27日 中共天津市委召开十万人大会，传达《中共中央关于召开全国科学大会的通知》和中共中央副主席邓小平在科教工作座谈会上的重要讲话。

10月9日 中共天津市委召开常委会会议，听取市农委关于发展机械化养猪、养鸡事业初步规划的汇报。会议决定：建立机械化养猪、养鸡建设指挥部，机械化养猪、养鸡各搞一个试点；要贯彻两条腿走路的方针，积极推广机械化养猪、养鸡，同时大力发展集体和社员个人饲养；逐步解决本市肉、蛋自给问题。

10月28日至30日 天津市高等学校招生委员会召开招生工作会议。会议根据全国高等学校招生工作会议精神，决定自本年起恢复高等学校统一考试招生制度。

11月24日 天津无线电厂试制成功我国第一台埋藏按需式心脏起搏器。

本年 全市有常住户籍人口712.87万人，全市地区生产总值为67.73亿元，人均地区生产总值为961元，农业总产值为4.23亿元，工业总产值为138.12亿元，地方财政预算内收入为33.27亿元，全社会固定资产投资额为15.77亿元，城镇居民人均可支配收入为355元，农民人均纯收入为147元。

1978年

1月9日 中共天津市委批转的文教组《关于解决中小学教师政治待遇及生活待遇问题的意见》，要求适当解决教师的生活福利，改善民办教师的生活待遇。

1月11日 教育部发出《关于办好一批重点中小学的试行方案的通知》，确定20所中、小学为全国重点学校，其中包括天津的南开中学和河东区同义大街小学。

4月12日 中共天津市委召开五千人大会，传达贯彻全国科学大会精神。市委在传达贯彻会议精神中强调要抓好五个方面的工作：①认真整顿科研机构；②进一步落实党的知识分子政策；③切实保证科研人员每周必须有5/6的业务工作时间；④加强科技队伍建设，搞好科学普及；⑤加强技术后勤工作和生活后勤工作。

7月12日至13日 中共天津市委召开十万人大会。会议要求，认真贯彻落实党中央的重要指示，排除一切阻力，迅速消除由于"四人帮"严重破坏和天津市的某些负责人所犯路线错误造成的严重恶果，迎头赶上全国前进的步伐。

8月27日至9月7日 中共天津市委召开天津市农田基本建设会议。会议强调，要贯彻以农业为基础的方针，适当增加农业投资，加强农业信贷，合理调整工农业产品的比价，提高支农工业品质量，扶植社队企业发展，继续实行粮食征购一定五年不变的政策。

9月18日至10月4日 中共天津市委召开基本建设工作会议，研究关于解决群众住房问题。决定加快基本建设步伐，坚决完成1979年300万平方米住宅建设任务。

9月22日至25日 中共天津市委召开的落实干部政策座谈会。会议要求，年底前集中力量，首先解决"文化大革命"中的冤假错案；对劳动模范和先进人物、高级知识分子，以及有影响的爱国人士和归国华侨的落实政策问题，也要抓紧解决。

10月11日 中共天津市委常委会召开学习讨论会，讨论检验真理标准问题。一致认为坚持实践是检验真理的唯一标准，对于高举毛主席的伟大旗帜、澄清林彪、"四人帮"在思想理论问题上制造的混乱、加速实现四个现代化，具有十分重要的意义。

12月24日 中共天津市委召开常委会会议，认真学习贯彻党的十一届三中全会精神。一致表示，坚决拥护党的十一届三中全会的各项决定。会议决定，在全市立即掀起学习宣传热潮，坚决贯彻党的十一届三中全会精神，把工作重点转移到社会主义现代化建设上来。

12月27日至31日 天津市召开知识青年上山下乡工作会议，决定调整政策，改进做法，采取多种形式，广开城乡门路，充分发挥知识青年在四化建设中的积极作用。另据《天津日报》报道，从1955年开始，全市共有43.8万名知识青年上山下乡。至1978年底，还有18万多人在农村、边疆。

12月31日 被列为国家重点项目的天津新港万吨冷库全部建成，经有关部门联合验收，正式交付使用。

本年 全市有常住户籍人口724.27万人，全市地区生产总值为82.65亿元，人均地区生产总值为1160元，农业总产值为6.72亿元，工业总产值为157.90亿元，地方财政预算内收入为39.25亿元，全社会固定资产投资额为20.30亿元，城镇居民人均可支配收入为388元，农民人均纯收入为153元。

1979年

1月1日 《天津日报》刊登《人民日报》社论《把主要精力集中到生产建设上来》。

1月8日至22日 中共天津市委召开工作会议,传达贯彻党的十一届三中全会精神,结合天津实际,集中讨论把党的工作重点转移到社会主义现代化建设上来的问题。会议确定,天津市在新的历史时期的奋斗目标是:把天津建设成为一个具有现代工业、现代农业、现代科学技术和现代交通口岸的综合性的社会主义新型城市。我们的方针是:要充分发挥天津这个老工业基地和沿海口岸的作用,充分利用天津的各种自然资源,充分挖掘天津工业、农业生产的潜力。同时,新建一批具有世界先进水平的大型骨干企业。

5月14日至25日 中共天津市委召开工作会议,学习和讨论中共中央关于对国民经济进行调整的重大决策,号召全市党员、干部和群众继续贯彻落实党的十一届三中全会精神,坚决贯彻执行"调整、改革、整顿、提高"国民经济的方针,坚持解放思想,坚持四项基本原则,进一步巩固和发展安定团结的大好形势,更加广泛深入地掀起增产节约运动高潮,力争为国家做出更大的贡献。

5月25日 国家经委、财政部、外贸部、人民银行、物资总局、劳动总局发出《关于在京、津、沪三市的8个企业进行企业管理改革试点的通知》。这8个企业中有天津自行车厂、天津动力机厂。

8月7日至11日 中共中央副主席邓小平来津视察。在津期间,他听取了中共天津市委的汇报，并就贯彻党的十一届三中全会的战略方针、加深理解党在新时期的政治路线、思想路线和组织路线，把天津市的工作搞上去等问题作了重要指示。

9月8日 中共天津市委、市革委会发出《关于组织待业人员大力兴办集体商业服务事业和集体生产事业的暂行规定》，要求解放思想，广开门路，大力兴办集体商业服务事业和集体生产事业，抓紧安置现有待业人员。

12月4日 中共天津市委发出《关于普遍轮训干部、党员的通知》指出，为进一步贯彻党的十一届三中全会和五届全国人大二次会议精神，提高全体干部、党员的政治思想觉悟和理论水平，适应工作重点转移后的新形势，适应把本市建设成为现代化的综合性工业基地、外贸出口基地和科学技术基地的需要，市委决定从现在起，在一两年内，对全市干部和党员普遍进行一次轮训。

12月4日至9日 中共天津市委召开统战工作会议，决定在全市广泛深入地开展一次党的统一战线政策的再教育，认真贯彻执行党的统一战线政策，团结一切可以团结的力量，把一切积极因素都调动起来，为实现四个现代化而努力奋斗。

本年 全市有常住户籍人口739.42万人，全市地区生产总值为93.00亿元，人均地区生产总值为1272元，农业总产值为8.88亿元，工业总产值为175.52亿元，地方财政预算内收入为37.64亿元，全社会固定资产投资额为24.77亿元，城镇居民人均可支配收入为425元，农民人均纯收入为179元。

1980 年

1月11日 中共天津市委、市革委会召开1979年住宅建设胜利竣工祝捷大会，提出1980年天津市基建战线的主要任务是认真贯彻执行"调整、改革、整顿、提高"国民经济的方针，以石油化纤、轻纺工业、能源设施、住宅建设为重点，计划全年竣工300万平方米，其中住宅及配套工程200万平方米，工业和其他项目100万平方米。

2月5日 中共天津市委、市革委会决定，撤销市社队工业局，建立天津市人民公社企业管理局（1984年5月，该局改为天津市乡镇企业管理局）。

3月25日至4月5日 天津市举行首次进出口商品洽谈会。参加洽谈的有来自29个国家和地区的1100多人，出口成交额突破1亿美元。

4月9日至13日 中共天津市委召开教育工作会议，强调教育战线最紧迫、最根本的任务，就是为"四化"建设加快培养人才。

6月15日 中共天津市委召开常委会会议，专题讨论放宽政策、发展城市集体经济、安置待业青年的问题。

6月23日至30日 天津市第九届人民代表大会第一次会议召开。会议根据第五届全国人大第二次会议通过的《中华人民共和国地方各级人民代表大会和地方各级人民政府组织法》的有关规定，首次设立天津市人民代表大会常务委员会。撤销了天津市革命委员会，恢复天津市人民政府。

6月25日 中共中央、国务院批准《天津市1981—1983年震灾恢复重建规划》，决定从1981年起天津将新建住宅650万平方米，每年新建配套建筑近40万平方米，市内道路、给排水、环境保护、绿化等方面都要有新的建设。

7月26日 天津市开始对申请个体经营的独立劳动者办理登记领照手续。

8月11日 中共天津市委、市人民政府作出《关于消除震灾遗迹加速住宅恢复重建的决定》。

8月25日 改革开放后，天津市第一家中外合资企业中法合营葡萄酿酒有限公司投产。

8月26日 中共天津市委、市人民政府召开抗旱节水动员大会。全市遭遇近百年罕见的伏天干旱，二级河道已基本干涸。会议号召全市人民紧急行动起来，节水抗旱，战胜灾荒。30日，中共天津市委、市人民政府作出立即在全市开展节水抗旱的决定。

11月27日 天津市人民政府批准天津手表厂、天津自行车厂、天津第一毛纺织厂、天津锻压机床厂4个国营大厂，进行独立核算、国家征税、自负盈亏试点。

12月23日 天津市人民政府决定，各区县建立司法局。这是本市加强和健全社会主义法制的一项重要措施。

本年 全市有常住户籍人口748.91万人，全市地区生产总值为103.52亿元，人均地区生产总值为1392元，农业总产值为9.25亿元，工业总产值为195.94亿元，地方财政预算内收入为40.94亿元，全社会固定资产投资额为23.92亿元，城镇居民人均可支配收入为527元，农民人均纯收入为278元。

1981年

5月15日 国家有关部门和河北省、天津市有关负责同志参加的解决天津城市用水问题会议召开。会后形成《关于解决天津城市用水问题的会议纪要》。6月14日国务院批转这一纪要。

6月18日至19日 天津市人民政府召开全体会议，专题讨论关于加快本市震灾修复重建步伐、拆除临建棚问题。

7月26日 天津市人民政府决定，建立市政府经济协作办公室。其宗旨是大力开展天津市与外省市之间的经济、技术协作，以适应把天津市建成北方经济中心的需要。

8月11日至15日 国务院召开京津用水紧急会议。鉴于官厅、密云两水库不能再向天津供水，确定两市压缩工业用水，确保人民生活用水，加快引滦入津工程进度，同时引黄河水接济天津。

8月26日至9月7日 中共天津市委召开农村工作会议，研究积极稳步地普及和落实生产责任制问题。会议分两个阶段举行：第一阶段，市委组织与会人员分两批去河北省吴桥县、青县、沧县参观学习；后一阶段举行全体会议，交流本市落实责任制的7个典型经验。这次会议为以后生产责任制的全面铺开和提高准备了条件。

9月4日 中共天津市委、市人民政府向党中央国务院请示兴建引滦入津工程。本月内，中央领导同志对报告作了同意的批示。9月27日，中共天津市委决定，建立天津市引滦工程指挥部。9月29日，市引滦工程指挥部召开会议，部署引滦工程任务。会议宣布国务院决定，把引滦入津工程全权授给天津，由天津包干完成。

9月18日 天津市人民政府决定，本市工交系统改进利润包干和奖励办法，实行层层包、层层保、包干到基层，强调正确执行奖励政策，认真贯彻按劳分配原则，克服平均主义。

10月17日 中共天津市委印发《市委农村工作会议纪要》，充分肯定了前段改革取得的成果，对如何深化改革、普及和完善联产承包责任制等问题，提出了指导方针和有效措施。

12月3日 中共天津市委、市人民政府召开搞好环境卫生，认真整顿市容动员大会。大会号召全市人民动员起来，为彻底改变本市脏、乱面貌，建设一个清洁、整齐、美丽的城市创造条件，打下基础。

12月8日 天津市人民政府发出《关于加速发展城市集体经济的指示》，要求各级政府、各有关部门关心、支持城市集体经济的发展。发展城市集体经济要坚持为城市生产和为城市人民生活服务的方向，并和安置待业青年结合起来。

本年 全市有常住户籍人口760.32万人，全市地区生产总值为107.96亿元，人均地区生产总值为1433元，农业总产值为8.34亿元，工业总产值为205.87亿元，地方财政预算内收入为40.20亿元，全社会固定资产投资额为27.60亿元，城镇居民人均可支配收入为540元，农民人均纯收入为297元。

1982 年

1月11日至20日 中共天津市委召开区县局党委领导干部会议，总结1981年工作，讨论制定了《1982年工作要点》，要求加强思想教育，搞好物质文明和精神文明建设。提出要继续扎扎实实为人民办好几件大事：①引水、保水、节水问题；②住宅建设；③稳定物价；④整顿市容；⑤劳动就业。

2月25日 中共天津市委、市人民政府发出《关于开展"文明礼貌月"活动的通知》指出，中央确定从本年开始，每年3月为"文明礼貌月"，这是继历年开展"向雷锋同志学习"活动的传统做法，把"五讲四美"活动制度化的一项措施，是继续改造社会风气、在群众中倡导社会主义精神文明的一个实际步骤。

2月27日 中共天津市委发出关于印发《社会主义精神文明建设问题座谈会纪要》的通知。

3月4日至7日 天津市召开人口普查工作会议。据统计，天津市总人口为776.41万人，其中男性394.19万人，女性382.22万人；汉族759.98万人，少数民族16.43万人。

3月5日 天津市绿化委员会成立。

同日 市人民政府发出《关于大力开展全民义务植树运动，搞好全市绿化造林工作的通知》。

3月14日至17日 天津市召开劳动就业工作会议。会议指出，两年多来，通过多种渠道，特别是发展集体经济，共有55万人就业，全市已经形成初具规模的集体经济就业网和个体经济就业网。

4月25日 位于本市河东区十一经路的全市第一座立交桥开工。11月25日建成通车。

5月6日 中共天津市委农村工作委员会向市委报告农业生产责任制的落实情况。截至本年3月底，全市农村17635个基本核算单位，已落实责任制的有16341个，占92.7%，其中建立联产承包责任制的占56.1%。生产大队所属的农林牧副渔工商等单位17245个，建立专业承包责任的14631个，占84.8%。其特点是联产承包显著增加，责任制内容进一步完善，比较普遍地签订了承包合同。

5月11日 中共天津市委、市人民政府在河北省遵化县举行引滦入津工程正式开工典礼。该工程自大黑汀水库引水，穿燕山余脉分水岭，循黎河入于桥水库，经州河、蓟运河转输水明渠，注入尔王庄水库，引入市区，途经迁西、遵化、蓟县、宝坻、武清、北郊，全长234千米，设计年输水量10亿立方米。

5月15日至19日 中共天津市委、市人民政府召开"五讲四美"活动座谈会。

5月23日至31日 首届华北音乐节——天津"海河之春"音乐周在本市第一工人文化宫隆重举行。

7月23日 天津市人民政府向各区县人民政府和各委局发出通知，公布本市文物保护单位名单，共分6类，35处。

8月20日至9月10日 天津市第五届运动会在民园体育场举行，这是天津市解放后规模最大、参加人数最多的体育盛会。

9月5日 据天津市委农村工作委员会统计，党的十一届三中全会以来，本市农村有十大变化：①社队普遍建立了生产责任制。到本年上半年，有97.2%的基本核算单位建立了各种形式的生产责任制；②农业生产结构发生变化。1981年种植业产值的比重下降到25.9%，林牧副渔各业产值上升到74.1%；③农作物布局趋向合理。1981年，粮食作物播种面积比1978年减少13.4%，经济作物增加了68.25%；④粮、棉、油有较快发展。粮食产量1980年比1978年增长17.7%，1981年因受灾粮食产量有所下降，经济作物大发展；⑤畜牧业除生猪有所下降之外，其他都有较大幅度增长；⑥林地面积1981年比1979年增加27.8%；⑦社队企业总产值1981年比1978年增长25%；⑧从集体分配得到的社员人均收入，1981年比1978年增长21%，家庭副业和自留地收入增长94.8%；⑨人均收入在80元以下的穷队，有50%改变了面貌；⑩人均分配在300元以上的大队增加35%。

11月24日至12月1日 天津市人民政府召开商业工作会议，认真贯彻全国商业工作会议精神，在解放思想、明确政策的基础上，制定了开创本市商业工作新局面的具体措施。

12月3日至19日 中共天津市委召开农村工作会议，确定今后发展本市农业的方针是"服务城市，发展出口，城乡互助，劳动致富"。

12月11日 据《天津日报》报道，全市有30个新建的集体企业相继试行社会保险制度，从业的1000余名职工得到医疗、退休、养老保险待遇。

本年 全市有常住户籍人口774.92万人，全市地区生产总值为114.10亿元，人均地区生产总值为1488元，农业总产值为12.56亿元，工业总产值为218.41亿元，地方财政预算内收入为38.71亿元，全社会固定资产投资额为35.07亿元，城镇居民人均可支配收入为577元，农民人均纯收入为326元。

1983年

1月22日 中共天津市委、市人民政府决定采取六项措施，促进城乡商品流通：①抓紧改革供销社体制；②积极发展农工商、渔工商和牧工商等联合企业；③适当放宽农副产品和工业品的购销政策；④城乡开通；⑤建设为发展商品生产服务的各种基础设施；⑥郊区、县可以依托小集镇，按经济区域定期举办商品交流会。

3月27日 天津市人民政府召开全体会议，作出1983年在改善人民生活方面要抓好10项工作的决定。这是市政府第一次提出每年为城乡人民办几件实事。

4月5日至10日 天津市第十届人民代表大会第一次会议召开。会议审议并批准《关于天津市第六个五年计划的报告》。

5月12日 天津市"五讲四美三热爱"活动委员会召开第一次会议，提出要抓好以下五项工作：①要继续深入开展爱国主义和共产主义思想教育，大力提高人民群众的思想政治觉悟；②继续广泛地开展学习雷锋、学习先进的活动；③大力开展各种公益活动；④更加扎实地抓好优质服务、优良秩序、优美环境的活动，继续治理脏、乱、差；⑤继续开展军民共建精神文明活动。

5月18日至20日 天津市人民政府召开国营企业利改税工作会议，提出执行利改税的具体方案，6月1日起施行。

5月19日 中共天津市委、市人民政府召开共建文明街经验交流会。

6月1日 中共天津市委决定，成立天津市经济体制改革领导小组，同时成立天津市经济体制改革办公室。

9月7日至9日 天津市第十届人大常委会召开第五次会议，听取《关于胜利完成引滦入津工程的报告》。报告指出，引滦入津工程从1981年9月国家决定兴建，将于本年9月11日完工通水，正式投入使用。引滦入津工程是我国当时最大的城市输水工程，全长234千米，共215个项目，整个工程用了1年零4个月的时间，横跨滦河和海河两个流域，为天津用水提供了一个稳定可靠的水源和完整的输水系统，缓解了天津市用水的紧张局面。

10月25日 据《天津日报》报道，截至本月初，天津市农村公社、大队两级体制改革工作已经基本结束。全市209个公社全部实行了党、政、经分设，210个乡建立了乡政府，全市3875个村有3733个村建立了村民委员会。

10月28日至11月4日 天津市普通教育工作会议召开。会议明确新的历史时期教育工作的指导思想是：整个教育事业必须同社会主义现代化建设的要求相适应，为两个文明建设服务。

12月14日至22日 中国共产党天津市第四次代表大会召开。大会审议并通过第三届委员会工作报告《坚持和改善党的领导，全面开创天津市社会主义现代化建设新局面》。报告提出本市今后五年经济建设的主要任务是：继续贯彻"调整、改革、整顿、提高"的方针，打好基础，提高水平，切实把国民经济转到以提高经济效益为中心的轨道上来。会议选举产生中共天津市第四届委员会、中共天津市顾问委员会和中共天津市纪律检查委员会。

12月25日 国家验收委员会宣布天津石油化纤工程竣工。这是毛泽东、周恩来生前为解决人民穿衣问题批准的全国重点工程，也是新中国成立以来天津市最大的基本建设项目。

12月27日至29日 中共天津市委、市人民政府召开群众文化工作会议，贯彻中央关于加强群众文化工作的指示精神。会议要求加强对群众文化工作的领导，用社会主义文化占领阵地。

本年 全市有常住户籍人口785.28万人，全市地区生产总值为123.40亿元，人均地区生产总值为1583元，农业总产值为12.68亿元，工业总产值为235.33亿元，地方财政预算内收入为38.74亿元，全社会固定资产投资额为41.58亿元，城镇居民人均可支配收入为604元，农民人均纯收入为412元。

1984年

1月6日至13日　中共天津市委召开农村工作会议。会议提出经济发展的主要指标及实现主要指标要着重抓的几项工作，即进一步完善联产承包责任制；进一步放宽政策，积极发展各类专业户；放手发展商品生产；积极发展农村工业；从科学技术上为农业发展找出路。

2月18日　天津市人民政府召开全体会议，讨论并通过了关于《1984年改善城市人民生活10项工作的决定》和《1984年改善农村人民生活10项工作的决定》。

3月17日至31日　中共天津市委、市人民政府召开天津市1984年经济工作会议。会议的中心议题是贯彻全国经济工作会议精神，结合本市实际，研究如何围绕提高经济效益，突出抓好扭亏增盈和增加外贸出口，确保完成1984年各项经济指标的措施。

4月13日至15日　中共天津市委召开常委扩大会议，传达贯彻党中央、国务院召开的沿海部分城市座谈会精神。会议决定，充实和调整对外开放、利用外资、技术改造领导小组，并抽调有关专家组成天津经济技术开发区方案组。

4月16日　开发区方案组正式成立。12月6日，国务院《关于天津市进一步实行对外开放的报告的批复》批准了天津经济技术开发区建设方案要点，天津经济技术开发区正式成立。开发区位于塘沽盐场三分场，距市中心45千米，面积33平方千米，其中起步区为3平方千米。

4月28日　纪庄子污水处理厂工程竣工。该厂为天津市第一座污水处理厂，可使全市四分之一的污水得到有效处理。是当时全国最大的污水处理厂。

5月29日　经党中央、国务院批准，自1984年6月1日起，天津港作为体制改革试点，实行"双重领导，地方领导为主，港口政企分开，基层独立经营，以港养港"的管理体制。

5月31日　举行天津港下放天津市管理交接仪式。天津港是我国港口经济体制改革的第一个试点单位。

6月26日　中共天津市委、市人民政府批准20个国营工业企业实行领导体制改革试点，试行《国营工业企业法（草案）》及厂长负责制。

7月5日　中共天津市委、市人民政府决定，从第四季度起，400多个大型企业实行利改税第二步，并在企业内部建立各种形式的经济责任制。利改税第二步改革，主要是根据企业的情况，分别实行所得税加调节税的办法、八级超额累进税的办法、超定额利润与企业以二八比例分成的办法。8月7日，市政府部署第二步利改税工作，确定从10月1日起在全市推行。

7月28日　中共天津市委、市人民政府召开市区体制改革会议，本着统一领导、分级管理、简政放权、权责一致，以及积极地、有步骤地进行改革的原则，拟定对市区体制进行初步改革，将有关城市管理的部分权限下放给和平、河北、河东、河西、南开、红桥及塘沽、汉沽、大港区。

12月6日　国务院作出《关于天津市进一步实行对外开放的报告的批复》指出，天津市要充分发挥自己的优势，认真抓好改革和开放，努力把天津市逐步建设成为技术先进、工业发达、文化昌盛、商业繁荣的经济中心和国际性的贸易港口城市。批复批准天津经济技术开发区建设方案要点。

本年 全市有常住户籍人口795.52万人，全市地区生产总值为147.47亿元，人均地区生产总值为1868元，农业总产值为16.68亿元，工业总产值为259.10亿元，地方财政预算内收入为40.46亿元，全社会固定资产投资额为48.28亿元，城镇居民人均可支配收入为728元，农民人均纯收入为504元。

1985 年

1月1日 天津南市食品街建成开业。

3月5日 天津市人民政府召开第三次全体会议，讨论通过《关于1985年改善城市人民生活10项工作的决定》和《关于1985年改善农村人民生活10项工作的决定》。会议要求各部门各单位尽心竭力，确保各项任务全面完成。

3月9日 天津市第十届人大常委会第十八次会议批准，市人民政府公布《天津市民守则》。

3月15日至21日 中共天津市委召开常委扩大会议，学习党的十二届三中全会精神，对今后的经济体制改革工作作了部署，提出要在物价改革和工资改革上迈出重要一步。

4月17日 天津市召开全民普及法律常识动员大会。要求从1985年起，用五年左右时间，在全市公民中普及《宪法》《刑法》《刑事诉讼法》《民事诉讼法（试行）》和《婚姻法》《经济合同法》《兵役法》及《治安管理处罚条例》等八个法律、法规的知识，使绝大多数人知法、懂法、守法。

4月24日 为加强对天津市社会治安综合治理工作的领导，中共天津市委决定，由有关部门建立社会治安综合治理联席会议制度。

5月9日 中共天津市委、市人民政府召开全市党员领导干部大会，对猪肉等副食品价格改革方案出台作了部署。

5月30日 中共天津市委、市人民政府批转市计委《关于改进我市计划体制的初步意见》指出，为了适应对内搞活经济、对外实行开放的需要，根据"大的方向管住管好，小的方面放开放活"的精神，要适当缩小指令性计划的范围，扩大指导性计划和市场调节的范围，进一步扩大企业自主权。

6月1日 天津市第一座大型青少年儿童活动中心落成。

6月2日 中共天津市委、市人民政府召开农村中等职业技术教育工作会议，对改革农村中等教育结构、发展职业技术教育作出部署。

7月30日至8月3日 中共天津市委、市人民政府召开科技体制改革工作会议，强调科技和经济要紧密结合，科研面向经济、经济依靠科研，要为科技成果迅速转化为生产力、实现技术进步开辟道路。

9月10日 天津市召开庆祝首届教师节大会。来自全市教育战线的代表和其他部门的代表5000余人参加了会议。

10月15日至16日 天津市召开中外合资企业思想政治工作经验交流会，探讨在中外合资企业如何做好思想政治工作问题。

10月16日至19日 天津市个体劳动者第一次代表大会召开。

12月1日至5日 中共天津市委、市人民政府召开天津市教育工作会议，贯彻党的全国代表会议精神和《中共中央关于教育体制改革的决定》，研究改革和发展本市教育的规划及措施。

本年 全市有常住户籍人口804.80万人，全市地区生产总值为175.71亿元，人均地区生产总值为2198元，农业总产值为20.44亿元，工业总产值为319.47亿元，地方财政预算内收入为48.21亿元，全社会固定资产投资额为65.90亿元，城镇居民人均可支配收入为876元，农民人均纯收入为564元。

1986 年

1月1日 天津市古文化街建成，举行开业典礼。

1月28日至2月3日 中共天津市委、市人民政府召开农村工作会议，确定农村工作的指导思想是：坚定不移地贯彻执行农业是国民经济基础的战略方针，坚持"服务城市，富裕农民"的方向，继续深入改革，落实、完善各项政策，朝着"贸工农"方向调整产业结构，下力量搞好流通环节，推动农村经济持续稳定协调发展。

3月17日 天津市人民政府召开第五次全体会议，通过了《关于1986年改善城市人民生活10项工作的决定》和《关于1986年改善农村人民生活10项工作的决定》。

3月22日 根据《中共中央、国务院关于制止向农民乱派款、乱收费的通知》精神，中共天津市委、市人民政府结合本市情况发出《关于减轻农民负担的通知》要求，各级党委、政府和各部门及广大农村干部，要认真学习领会党中央、国务院的通知精神，把正确对待农民、切实减轻农民负担作为端正党风、推进改革的一件大事来抓。

4月7日至12日 中共天津市委、市人民政府召开商业工作会议。会议总结1985年，特别是价格改革以来商业工作的状况，分析形势，探讨制定搞活市场、深入改革、提高服务质量及促进本市商业发展的政策和措施。会议提出，加快零售商业和饮食服务业承包、转制、租赁步伐，并决定自5月1日起，零售商业服务业实行接受群众监督、改进服务工作的具体办法。

6月28日　中共天津市委、市人民政府召开文艺创作座谈会。

8月14日　据新华社报道，国务院最近批准《天津市城市总体规划方案》，提出天津应当成为拥有先进技术的综合性工业基地，开放型、多功能的经济中心和现代化的国际性港口城市。

8月19日至21日　中共中央政治局常委、中央顾问委员会主任邓小平在天津视察工作，对天津市近几年的变化给予肯定，并发表了重要谈话。邓小平在视察天津经济技术开发区时说："对外开放还是要放，不放就不活，不存在收的问题。天津开发区很好嘛，已经创出了牌子，投资环境有所改善，外国人到这里投资就比较放心了。""你们在港口和市区之间有这么多荒地，这是个很大的优势，我看你们的潜力很大。可以胆子大点，发展快点。"邓小平为开发区题词："开发区大有希望。"

10月25日至29日　中共天津市委召开四届五次全体扩大会议，深入学习贯彻党的十二届六中全会通过的《中共中央关于社会主义精神文明建设指导方针的决议》。

本年　全市有常住户籍人口814.97万人，全市地区生产总值为194.67亿元，人均地区生产总值为2406元，农业总产值为26.93亿元，工业总产值为344.73亿元，地方财政预算内收入为54.50亿元，全社会固定资产投资额为71.91亿元，城镇居民人均可支配收入为1070元，农民人均纯收入为635元。

1987年

1月16日 中共天津市委、市人民政府召开文明城市建设工作会议。会议确定1987年文明城市建设工作的任务是：抓职业道德建设，创优质服务；抓社会公德建设，创优良秩序；抓市容卫生，创优美环境；开展群众性的文体、科普活动，做好移风易俗工作。

2月23日 中共天津市委决定，把深化企业改革作为1987年经济体制改革的中心工作。具体措施是：放开企业经营权，全面推行厂长负责制和厂长任期目标负责制，对贡献较大的企业扩大自主权，推进以企业间为主的横向经济联合。

3月5日 天津市人民政府召开全体会议，讨论并通过《天津市人民政府关于1987年改善城市人民生活10项工作的决定》和《天津市人民政府关于1987年改善农村人民生活10项工作的决定》。

3月11日 中共天津市委、市人民政府根据《中共中央、国务院关于加强土地管理、制止乱占耕地的通知》的要求，决定成立天津市土地管理局。

4月13日至15日 天津市召开科技体制改革工作会议，贯彻中央科技体制改革精神，对进一步推进本市科技体制改革、放宽放活科技人员政策、实现科研与生产的结合等问题，进行研究并提出实施意见。

6月29日 中共天津市委、市人民政府举行新闻发布会，宣布天津市城市民用气化提前一年实现。全市气化户数达105.9万户，市区气化率达到93.7%。天津市民用气化工程从1985年7月全面开工建设。

7月20日至22日 中共天津市委召开整党工作总结会议，宣布本市从1983年底开始的整党工作，历时3年多，已经全部结束。会议要求各级党组织从集中整党转向经常性党的建设，保证党的十一届三中全会以来的路线贯彻执行。

9月9日 天津市人民政府召开整顿市场秩序、加强物价管理会议。会议要求，除放开的品种可以随行就市、按质论价外，没有放开的品种及收费项目，一律执行国家规定的牌价或浮动幅度。

9月11日 中共天津市委、市人民政府决定，从即日起，在经常性的科学普及活动的基础上，每年将举办一次"科技周"活动，以动员全市各行各业、各界人士都来参与科普活动，接受科普教育，开阔眼界，形成爱科学、学科学、讲科学、用科学的风气。

9月26日 天津市召开贯彻三个条例、全面推行厂长负责制工作会议。会议决定，从1988年起，本市将分三批，力争用一年时间，在全民工业企业中全面实行厂长负责制。1987年底以前，80%大中型工业企业要实行厂长负责制。

10月1日 天津市外环线道路工程举行竣工典礼。

10月4日 首届"科技周"举行开幕式。

10月7日 中共天津市委、市人民政府发出批转市委研究室、市农委《关于在我市农村发展土地适度规模经营的意见》的通知。

11月13日 据新华社报道，国家批准上海、天津、深圳、广州和海南正式进行土地有偿使用试点，使土地按照其商品属性进入市场。

本年 全市有常住户籍人口828.73万人，全市地区生产总值为220.00亿元，人均地区生产总值为2682元，农业总产值为32.93亿元，工业总产值为 405.49 亿元，地方财政预算内收入为 55.87 亿元，全社会固定资产投资额为 76.44 亿元，城镇居民人均可支配收入为 1187 元，农民人均纯收入为 749 元。

1988 年

1月15日至17日 中共天津市委、市人民政府召开乡镇企业工作会议，确定把"城乡结合，整体推动，大力发展乡镇企业"作为振兴天津经济的一个重要战略决策。

3月5日 天津市人民政府召开第九次全体会议，讨论并一致通过了市人民政府《关于1988年改善城市人民生活10项工作的决定》和《关于1988年改善农村人民生活10项工作的决定》。会议强调，一切为了人民、一切依靠人民是我们为人民办实事的根本思路，也是全市其他各项工作的根本思路。

4月22日至27日 中国共产党天津市第五次代表大会召开。会议的主要任务是按照党的十三大精神，回顾总结市第四次党代表大会以来全市的工作；确定今后一个时期全市经济建设、精神文明建设和党的建设的任务；制定深化经济体制改革、推进政治体制改革和加快对外开放的方针。会议审议并通过中共天津市第四届委员会报告《坚持党的基本路线，把天津社会主义现代化建设推向新阶段》。

6月27日 中共天津市委召开全市党员领导干部会议。会议根据国务院指示精神，部署本市试行主要副食品零售价格变动，给职工适当补贴的实施方案。

7月20日 中共天津市委、市人民政府召开动员大会，安排部署发展农村外向型经济若干问题的暂行规定。

7月26日 中共天津市委、市人民政府在天津市河西区文化馆召开会议，推广河西区文化建设的经验。

8月3日 中共天津市委、市人民政府召开外环线绿化带现场办公会。外环线绿化带建设是从1987年春季正式开始的。

9月15日 中共天津市委、市人民政府召开企业多种经营工作会议，总结交流一年来的工作经验，认为本市企业多种经营迅速发展，成效显著。

9月25日 天津铁路枢纽改造工程全面竣工。该工程包括重新修建天津站，扩建南仓编组站，修建北环复线和南曹联络线四项工程，总面积达26万平方米。

10月8日至16日 中共天津市委召开五届二次全体（扩大）会议，会议传达党的十三届三中全会精神，认真学习中央领导同志的重要讲话和其他重要文件。会议提出要结合实际，贯彻中央指示精神，以稳定物价为中心，搞好治理整顿，认真总结经验，全面深化改革，进一步巩固和发展天津的大好形势。

10月13日 中共天津市委、市人民政府拨款30万元，设立天津市文艺人才奖励基金。

12月16日 中共天津市委召开在新形势下发挥党员模范作用的经验介绍会。

本年 全市有常住户籍人口839.21万人，全市地区生产总值为259.64亿元，人均地区生产总值为3117元，农业总产值为42.34亿元，工业总产值为521.10亿元，地方财政预算内收入为44.81亿元，全社会固定资产投资额为82.61亿元，城镇居民人均可支配收入为1330元，农民人均纯收入为891元。

1989年

3月6日　天津市人民政府召开全体会议，讨论并通过市人民政府《关于1989年改善城市人民生活10项工作的决定》和《关于1989年改善农村人民生活10项工作的决定》。

3月14日　天津市召开农村地区实施九年义务教育工作会议。市政府决定，拨专款400万元，以保证1989年全市农村地区40个乡（镇）实施九年义务教育。

5月22日　天津市技术改造重点项目工作会议召开。会议围绕市委提出的汽车、电子、石油海洋化工3个带头产业，10个骨干企业，69个重点产品的调整和改造，本年已安排技改（基建）项目35项，总投资8.98亿元，其中外汇8470万美元。

5月23日　天津市人民政府召开部署当前人民生活会议。

5月30日　天津市人民政府召开外贸出口工作会议，提出对当前外贸出口工作的主要意见和要求：①落实各项政策，调动各方面的积极性；②切实抓好出口商品结构，加快步伐进行新产品开发；③继续深化外贸体制改革，推行外贸代理制是外贸体制改革的方向；④深入挖掘各项资金潜力，积极支援出口；⑤尽快落实商品货源，保证出口需要；⑥积极开展灵活贸易，努力拓展国际市场。

7月1日　中共天津市委、市人民政府召开射线道路和津围公路（津蓟段）拓宽改造完善工程祝捷大会。该工程完工标志着天津市"三环十四射"道路骨架基本形成。

7月30日 中共天津市委召开常委扩大会议。根据中央《关于近期做好几件群众关心的事的决定》精神和本市具体情况，市委、市政府决定近期要做好八件事：①加快清理整顿公司的进度，抓好查处工作的组织处理；②坚决制止市级领导干部子女经商；③严格按规定配车，严格禁止进口小轿车；④严格禁止用公款请客送礼；⑤坚决制止领导干部违纪买房、建房；⑥坚决刹住讲排场、摆阔气的不良风气；⑦严格控制领导干部出国；⑧严肃认真地查处贪污、受贿、投机倒把等犯罪案件，特别要抓紧查处大案要案。

9月14日 天津市人民政府召开进一步清理整顿公司动员大会，贯彻落实中共中央、国务院《关于进一步清理整顿公司的决定》，部署本市下一步清理整顿公司工作。

12月26日 天津市人民政府举行新闻发布会，宣布市政府年初确定的全年改善城乡人民生活20件实事，包括98个子项目已全部落实。

本年 全市有常住户籍人口852.35万人，全市地区生产总值为283.34亿元，人均地区生产总值为3353元，农业总产值为49.08亿元，工业总产值为635.22亿元，地方财政预算内收入为46.49亿元，全社会固定资产投资额为83.88亿元，城镇居民人均可支配收入为1478元，农民人均纯收入为1020元。

1990 年

1月8日至11日 天津市经济工作会议召开，明确提出 1990 年全市经济工作的任务是在稳定的前提下，积极推进治理整顿和深化改革，保持国民经济适度增长。

3月5日 天津市人民政府召开第四次全体会议，讨论并通过市政府《关于 1990 年改善城市人民生活 10 项工作的决定》和《关于 1990 年改善农村人民生活 10 项工作的决定》。

3月20日至22日 中共天津市委、市人民政府召开民族工作会议，传达学习全国民委主任会议精神，总结近十年来本市民族工作所取得的成就和经验，进一步明确今后民族工作的方向。

5月30日 中共天津市委、市人民政府召开工业系统党委书记、局长座谈会。会议提出，要一手抓大项目，准备后劲；一手抓现有企业的改造，调整产品结构和企业组织，就是抓效益。要做好三个方面工作：①利用外资和合资企业的政策、机制，加速老企业的改造；②利用乡镇企业的资金、政策、机制，促进大工业的发展；③对先进骨干企业要在政策上给予支持。

6月9日 天津市召开完善农村双层经营承包会议。会议指出，为促进农村改革继续深入发展，郊县要进一步完善农村双层承包经营责任制，推行土地有偿承包、有偿服务，建立农业自我积累和投入机制，不断为农业发展注入新的活力。

8月14日至16日 中共天津市委、市人民政府召开乡镇企业工作会议。会议要求，各郊县要认真贯彻"调整、整顿、改造、提高"的八字方针，坚持城乡一体战略，大力推进外向型经济，搞好产业产品调整，以内涵为主全面发展，稳步提高企业的经济效益，引导乡镇企业在治理整顿中持续、稳定、健康地发展。

9月4日 京津塘高速公路（天津杨村至北京段）正式为亚运会宾客提供服务，标志着天津西段30.4千米工程胜利通车。这条全封闭、全立交的高速公路设计车速为每小时120千米，为我国公路现代化创造了宝贵经验。

本年 全市有常住户籍人口866.25万人，全市地区生产总值为310.95亿元，人均地区生产总值为3621元，农业总产值为51.72亿元，工业总产值为679.94亿元，地方财政预算内收入为44.88亿元，全社会固定资产投资额为87.69亿元，城镇居民人均可支配收入为1639元，农民人均纯收入为1069元。

1991年

1月25日　中共天津市委、市人民政府召开农村工作会议，要求继续坚持城郊型、外向型的发展方向和"服务城市、富裕农民"的方针，深化改革，依靠科技，增加收入，保持农村经济稳步协调发展，努力开创农村工作的新局面。

2月6日　天津市人民政府召开经济工作会议，确定天津市工业系统质量品种效益年10项目标，即市管320种重点产品稳定提高率达93%；56种重点出口产品商检合格率达96%；试制新产品1500种，其中300种达到国际先进水平等。

3月5日　天津市人民政府第六次全体会议作出本年改善城乡人民生活20项工作的决定。

3月9日　天津市最大的工业建设项目天津无缝钢管工程全面展开。

同日　中共天津市委、市人民政府召开全市义务植树造林动员大会。大会提出要全民动员，奋战5年，基本绿化津城。到1995年，市区绿化覆盖率达到20%，人均公共绿地面积达到3.5平方米，农村林木覆盖率达到12.6%。

3月13日　天津市人民政府工业企业承包领导小组举行第二轮承包经营责任制签字仪式。市经济工作委员会、财政局、劳动局、中国工商银行天津市分行与市工业系统13位工业局长、经理签订"三保一挂"（保上缴、保还贷、保国家固定资产增值，工资总额与经济效益挂钩）承包经营责任制协议书。

3月16日 天津港集装箱码头举行津欧大陆桥首列专列运输剪彩仪式。一列装载94个集装箱货物的专运列车，从天津港开往蒙古国首都乌兰巴托。这是津欧大陆桥首次开行的专列，也是全国中欧大陆桥开行的第一列集装箱专运列车。

4月5日至7日 中共天津市委召开常委扩大会议。会议讨论通过《天津市国民经济和社会发展十年规划和第八个五年计划纲要（草案）》。

4月22日至29日 天津市第十一届人民代表大会第五次会议召开。会议通过了《关于天津市国民经济和社会发展十年规划和第八个五年计划纲要及关于（纲要）报告的决议》。

5月9日 天津市最大的企业集团天津渤海化工集团公司在塘沽成立。该集团公司的资产规模、总资产、主要产品产量、销售额和实现利税在全国十大化工企业集团中名列第二。

5月12日 经国务院批准，天津港保税区设立。10月11日，天津市人民政府在北京人民大会堂举行新闻发布会，宣布天津港保税区正式招商。会议指出，天津港保税区的设立，是中央一项重大决策，标志着天津对外开放的突破性进展。天津港保税区是我国北方第一个符合现代国际经济发展要求的保税区。

5月19日 本日是我国第一个法定"全国助残日"，天津市数十万群众走上街头，宣传《中华人民共和国残疾人保障法》。

5月26日至6月9日 天津市举办首届月季花节。这是市委、市政府本年为群众办的20件实事之一。

7月22日至24日 中共天津市委、市人民政府召开乡镇企业工作会议。会议指出，"八五"期间乡镇企业发展的基本思路是：继续贯彻"积极扶持，合理规划，正确引导，加强管理"的方针和"城乡结合，整体推动"的发展战略，坚持城郊型、外向型的发展方向，以提高经济效益为中心，面向国内外两个市场，坚持内涵发展和外延发展相结合，促进乡镇企业持续、稳定、协调、健康地发展。

8月15日　中共天津市委、市人民政府召开区县局党政领导干部会议，安排部署在全市职工中开展住房制度改革大讨论工作。10月28日，根据中共天津市委、市人民政府的部署，天津市房改领导小组召开城镇住房制度改革工作会议。12月4日至25日天津市房改模拟工作全面展开。（1992年1月1日，经国务院住房制度改革领导小组批准，《天津市城镇住房制度改革实施方案》正式实施。）

9月25日　天津广播电视塔工程胜利竣工。

10月12日　中共天津市委召开干部大会，传达贯彻中央工作会议精神。会议强调各级领导干部都要认真学习领会中央工作会议精神，集中力量把增强国营大中型企业活力这件具有决定性意义的大事坚持抓下去，切实抓出成效来。

10月30日　中共天津市委、市人民政府在静海县召开会议，要求全市广大干部、群众充分认识水利建设的重要性，动员起来，进一步掀起水利建设的新高潮。

本年　全市有常住户籍人口872.63万人，全市地区生产总值为342.75亿元，人均地区生产总值为3943元，农业总产值为54.55亿元，工业总产值为786.60亿元，地方财政预算内收入为58.09亿元，全社会固定资产投资额为128.95亿元，城镇居民人均可支配收入为1845元，农民人均纯收入为1169元。

1992年

1月9日 受国务院委托，国家科委正式批准天津市新技术产业园区的区域范围和面积，并明确园区建设的各项政策规定。

3月4日 中共天津市委发出《关于认真学习邓小平同志重要谈话的通知》。

3月5日 天津市人民政府召开第八次全体会议，通过了《天津市人民政府关于改善城乡人民生活20项工作的决定》。

4月24日 天津市人民政府宣布天津港保税区1.2平方千米地域的隔离设施正式通过验收，《中华人民共和国天津海关对进出天津港保税区货物、物品和运输工具的监督实施细则》正式实施。天津港保税区进入正式运营阶段。

6月12日 中共天津市委、市人民政府根据中共中央政治局全体会议精神和邓小平同志视察南方的重要讲话，制定了《关于加快改革开放促进经济发展若干意见》。该意见提出，天津改革开放的基本目标是通过大开放促进大开发，实现大发展。经过10年或更长一点时间的努力，建立健全具有较强国际竞争能力的社会经济体系，形成按照国际惯例运作的、有利于国内外市场对接的经济体制和运行机制，把天津市建成我国北方的金融商贸中心、技术先进的综合性工业基地，内联"三北"，面向东北亚的现代化国际口岸城市。

6月28日 天津无缝钢管工程炼钢连铸系统热负荷试车进展顺利。7月1日，中共中央总书记江泽民给天津市委、市人民政府打来电话，对天津无缝钢管工程炼钢连铸热负荷顺利试车表示祝贺。

7月28日 天津市扩大对外开放发布会在香港举行。发布会宣布，天津要经过10年或者更长一点时间的努力，逐步把天津建设成为中国北方的金融商贸中心、技术先进的综合性工业基地，服务全国。

12月21日 天津市被评为1992年度中国"十佳卫生城市"之一。

本年 全市有常住户籍人口878.97万人，全市地区生产总值为411.24亿元，人均地区生产总值为4696元，农业总产值为58.50亿元，工业总产值为997.91亿元，地方财政预算内收入为63.05亿元，全社会固定资产投资额为169.88亿元，城镇居民人均可支配收入为2238元，农民人均纯收入为1410元。

1993年

1月7日 中共天津市委、市人民政府推出加快本市开发开放又一新的重大举措，批准在天津经济技术开发区西侧的2.28平方千米内开发建设塘沽海洋高新技术产业园区，全面实行对外开放政策，形成科、工、贸一体开发的新的对外开放窗口区域。这是我国第一家省级海洋高新技术开发区，标志着天津改革开放又翻开了新的一页。

1月11日 中共天津市委、市人民政府召开农村工作会议。会议提出1993年农民人均收入达到1400元，比上年增长8%。

2月22日 天津市首次以招标方式有偿出让的国有地块开标，天津房信建设开发公司中标。这标志着天津市房地产业开始步入国际惯例运行机制的轨道。

3月4日 天津市人民政府召开第九次全体会议。会议一致通过市政府《关于1993年改善城市人民生活10项工作和改善农村人民生活10项工作的决定》。

3月30日 天津市精神文明建设活动指导委员会召开部署1993年群众性精神文明建设活动工作会议。会议指出，1993年总的要求是以提高全体市民的思想道德素质和提高城市文明程度为目标，主要任务是：坚持抓紧抓好思想道德教育，提高全体市民的文明素质。

5月6日至12日 中国共产党天津市第六次代表大会召开。会议审议并通过中共天津市第五届委员会报告《解放思想，加快发展，夺取天津社会主义现代化建设的新胜利》。报告提出，经过20年的努力使本市国民经济再上两个大台阶，争取成为我国率先基本实现现代化的地区之一，把天津建设成为我国北方的商贸金融中心、技术先进的综合性工业基地、全方位开放的现代化国际港口大城市。

7月24日 中共天津市委、市人民政府召开减轻农民负担工作会议，进一步贯彻落实党中央、国务院关于减轻农民负担的一系列指示精神和要求。

9月25日 我国第一条跨省市的现代化大动脉——京津塘高速公路全线通车。

10月12日 天津市人民政府做出《关于加快危陋房屋改造若干问题的决定》，提出"力争用五年至七年的时间基本完成成片危陋房屋的改造"。改造重点是市内六区三至五类房屋比例在70%以上的成片危陋房屋。

本年 全市有常住户籍人口885.89万人，全市地区生产总值为536.10亿元，人均地区生产总值为6075元，农业总产值为66.32亿元，工业总产值为1401.84亿元，地方财政预算内收入为74.96亿元，全社会固定资产投资额为226.56亿元，城镇居民人均可支配收入为2769元，农民人均纯收入为1593元。

1994年

1月15日　天津市被国家体改委批准为全国综合配套改革试点城市。

1月17日至19日　中共天津市委、市人民政府召开经济工作会议。会议讨论部署1994年及此后若干年全市经济工作的主要目标和任务。会议提出：①抓住有利时机，进一步加快发展步伐，到1997年，全市国民生产总值提前三年实现翻两番（实际到1996年已实现了翻两番——编者）；用五至七年时间，把市区成片危陋平房基本改造完毕；用八年左右时间，把国有大中型企业嫁接调整改造一遍；用十年左右时间，基本建成滨海新区（这是天津市首次提出"三五八十"阶段性奋斗目标）。②建设滨海新区，加快培育本市最大的经济增长点。③深化改革，搞活经济存量。④扩大利用外资，实行对外对内全方位开放。⑤以培养和发展市场体系为重点，加快第三产业发展。⑥加快重点项目建设，增强经济发展后劲。⑦加强农业基础地位，进一步壮大农村经济。⑧开发高新技术，促进科技经济一体化。⑨以平房改造为突破口，进一步改善群众生活。⑩振奋精神，创造性地开展工作。

3月5日　天津市人民政府召开第二次全体会议。会议通过了天津市人民政府《关于1994年改善城市人民生活10项工作和改善农村人民生活10项工作的决定》。

3月28日　中共天津市委发出《关于深入开展"创先争优"活动

评选表彰先进党组织和优秀共产党员的通知》。

12月9日至14日 中共中央总书记、国家主席、中央军委主席江泽民在天津视察。江泽民指出，根据最近召开的中央经济工作会议精神，当前经济工作的重点，就是通过深化改革，大力加强农业和抑制通货膨胀，必须认真抓好这几件关系国家全局的大事，以利于保持国民经济持续、快速、健康发展。

12月15日 中共天津市委、市人民政府发出《关于贯彻执行〈中共中央关于加强农村基层组织建设的通知〉的实施意见》。实施意见要求，把天津市农村以党组织为核心的基层组织进一步建设好，为实现兴市富民奔小康提供坚强有力的组织保证。

本年 全市有常住户籍人口890.55万人，全市地区生产总值为725.14亿元，人均地区生产总值为8164元，农业总产值为88.74亿元，工业总产值为1754.30亿元，地方财政预算内收入为50.15亿元，全社会固定资产投资额为315.97亿元，城镇居民人均可支配收入为3982元，农民人均纯收入为1956元。

1995 年

1月6日　天津市人民政府印发《天津市贯彻〈国务院关于深化城镇住房制度改革的决定〉的实施方案》。实施方案提出，城镇住房制度改革的根本目的是，建立与社会主义市场经济体制相适应的城镇住房制度，实现住房商品化、社会化；加快住房建设，改善居住条件，满足城镇居民不断增长的住房需求。

1月19日至20日　天津市人民政府召开经济管理体制改革工作会议。会议强调，要以建立社会主义市场经济体制为总目标，以深化国有大中型企业改革为重点，集中力量搞好国有大中型企业，抓住关键，推进配套改革，巩固和完善宏观管理体制改革的各项措施，加快建立社会主义市场经济体制。

2月5日　天津市人民政府召开第三次全体会议，通过《关于1995年改善城市人民生活10项工作的决定》和《关于1995年改善农村人民生活10项工作的决定》。

3月28日　天津市农村党建工作领导小组召开小康村命名表彰大会，总结部署小康村和农村基层组织建设工作。会议确定，1995年要把516个后进党支部班子全部整顿建设好；新建1042个小康村、80个明星小康村，培养和树立10个各方面工作都很突出、村级组织整体建设堪称一流的典型，作为农村基层组织建设的排头兵。

5月1日至14日　第四十三届世界乒乓球锦标赛在天津举行，这是天津有史以来承办的影响最广泛的国际交流活动。天津成为继北京承办第二十六届世乒赛之后，代表国家承办这一重大赛事的第二个城市。

6月1日 中共天津市委、市人民政府召开深化企业改革工作会议，总结部署全市企业改革工作。会议指出，要把搞好搞活国有企业、增加职工收入作为为群众办的最大实事，作为关系改革、发展、稳定的一件大事，要通过深化企业改革，让企业活起来、职工富起来。

9月12日 天津滨海新区总体规划编制完成。规划提出，滨海新区最终可以向以港口为中心的国际自由贸易区发展。

10月19日 天津机场通过了国家口岸办、海关总署、卫检总局、动植物检疫局、边防总局、商检总局等部门的联合验收，被正式命名为天津国际机场。

本年 全市有常住户籍人口894.67万人，全市地区生产总值为917.65亿元，人均地区生产总值为10281元，农业总产值为125.44亿元，工业总产值为1879.65亿元，地方财政预算内收入为61.90亿元，全社会固定资产投资额为393.18亿元，城镇居民人均可支配收入为4930元，农民人均纯收入为2531元。

1996年

1月17日　天津市人民政府召开城市建设工作会议，提出1996年城建工作重点是：住宅建设以危改为重点，市政公用基础设施以道路为重点，城市管理以园林绿化和夜景美化为重点。

1月24日至25日　中共天津市委、市人民政府召开农村工作会议。会议提出，本市农村工作要围绕建设农业现代化的奋斗目标，紧紧抓住实现增加农副产品有效供给和增加农民收入两个战略任务，推进经济体制由计划经济向社会主义市场经济转变和经济增长方式由粗放型向集约型转变，实现农村物质文明与精神文明共同进步，经济与社会协调发展。

2月13日　天津市教育局召开工作会议，决定到2000年，本市普教发展的目标是基本普及高中阶段教育；初中毕业升入高中各类学校的人数达到80%以上；小学入学率达到100%，入学年龄逐步过渡到6周岁；初中入学率达到98%；重点建设20所国家级标准的实验性、示范性普通高中，建设26所省部级重点职业高中；全市中小学100%达到国家一类装备标准，30%的学校达到国家最高装备标准，10%的学校达到国际领先装备水平。

2月26日　天津市人民政府召开第六次全体会议，审议通过《关于1996年改善城市人民生活10项工作的决定》和《关于1996年改善农村人民生活10项工作的决定》。会议要求各级政府要把关心群众疾苦、提高人民生活水平作为根本职责，以高度负责的精神把涉及群众生活的事情办好，把关心扶持困难企业和困难职工作为重点，年内取得成效。

6月1日 天津汽车工业（集团）有限公司与日本丰田汽车公司合资兴建的天津丰田汽车发动机有限公司开业。

6月28日 天津市房屋转换中心成立，本市公有住房开始进入市场。

8月2日 天津至阿拉山口陆桥直达运输首趟集装箱列车开通。

10月25日 中共天津市委、市人民政府召开社区精神文明建设经验交流会，总结交流开展社区精神文明建设的经验，研究部署进一步加强社区精神文明建设的工作。

11月26日 中共天津市委批转市科委、市计委拟定的《天津市科学技术发展"九五"计划和2010年长期规划纲要》提出，天津科技工作的战略目标是：坚持实施科教兴市战略，积极推进两个转变，把天津市经济建设和社会发展真正转移到依靠科技进步和提高劳动者素质的轨道上来，建立科技经济一体化的新格局。

12月12日 天津煤气总公司与中国石油天然气总公司、北京天然气集输公司签署合作建设陕京天然气管道天津支线工程协议，自此天津市利用陕北天然气工作进入实质性阶段。

12月22日 津滨高速公路奠基。该路西起中环线东兴立交桥，东至临港立交桥，全长43千米。

本年 全市有常住户籍人口898.45万人，全市地区生产总值为1099.47亿元，人均地区生产总值为12263元，农业总产值为140.47亿元，工业总产值为2177.42亿元，地方财政预算内收入为79.04亿元，全社会固定资产投资额为435.81亿元，城镇居民人均可支配收入为5968元，农民人均纯收入为3142元。

1997 年

1月6日　中共摩托罗拉（中国）电子有限公司委员会成立。这是在天津经济技术开发区也是在中国开发区外商独资企业中建立的第一个中共组织。

1月14日　全球最大的胰岛素和工业酶制剂生产厂——丹麦诺和诺德公司胰岛素工厂在天津投入生产。

2月5日　天津市人民政府召开第七次全体会议。会议通过《关于1997年改善城市人民生活10项工作的决定》和《关于1997年改善农村人民生活10项工作的决定》。

4月17日　中共天津市委在宝坻县召开天津市村务公开、民主管理现场经验交流会，总结推广宝坻县实行村务公开、民主管理的经验。

4月22日　中共天津市委办公厅转发市纪委、市委组织部、市委宣传部《关于开展以讲学习、讲政治、讲正气为主要内容的党性党风教育的安排意见》。安排意见要求，这次学习教育以区县局（总公司）党委和市委各部委为单位，集中在1997年4月至9月进行，大体分为三个步骤：深入学习理论，搞好思想教育；搞好对照检查；认真进行整改。

5月12日　天津市成立企业兼并破产和职工再就业工作协调小组。其主要职责是负责全市企业兼并破产和职工再就业工作的组织协调；审核各地区、各部门企业兼并破产和职工再就业工作计划；制订全市企业兼并破产和职工再就业工作计划。

7月23日 平津战役纪念馆举行隆重的开馆仪式。

8月14日 天津市精神文明建设委员会颁布天津市民行为道德规范。主要内容是：爱国爱乡、关心集体，遵纪守法、维持秩序，爱护公物、讲究卫生，举止文明、礼貌待人，尊重知识、崇尚科学，助残济困、见义勇为，爱岗敬业、尽职尽责，诚实守信、优质服务，尊老爱幼、邻里和睦。

9月21日 中共天津市委发出《关于认真学习贯彻党的十五大精神的通知》。通知要求：①充分认识党的十五大的重要意义，把学习贯彻十五大精神作为当前头等大事；②认真学习党的十五大精神，重点学习好江泽民同志的报告；③坚持理论联系实际，把学习贯彻党的十五大精神同推动工作相结合；④要加强对学习党的十五大精神的组织领导。

10月1日 引滦入汉工程竣工通水。该工程总投资1.9亿元。

10月12日 全国城市房屋拆迁工作座谈会在天津召开。本市在危陋房屋改造中创造的货币还迁安置居民的做法受到国家建设部的肯定。

11月13日 天津市人民政府召开危陋平房改造总结动员会。河西区基本完成成片危陋房屋改造。

12月28日 海防路工程竣工通车。该路从独流减河北岸开始，沿海岸跨过海河到永定新河南岸，全长45千米。

本年 全市有常住户籍人口899.80万人，全市地区生产总值为1235.28亿元，人均地区生产总值为13739元，农业总产值为136.17亿元，工业总产值为2450.21亿元，地方财政预算内收入为89.91亿元，全社会固定资产投资额为498.66亿元，城镇居民人均可支配收入为6609元，农民人均纯收入为3548元。

1998 年

1月1日至2日 天津市召开工业工作会议，确定三年实现国有企业改革脱困。会议提出工业系统三年改革脱困的任务和目标是：到1999年，80%的国有大中型骨干企业初步建立现代企业制度，国有大中型企业嫁接调整一遍；到2000年，国有大中型亏损企业基本脱困，亏损面降到20%以下，基本淘汰连续多年亏损企业，中小型工业企业基本放开搞活。4月17日，市政府召开国有大中型企业改革脱困推动会，确定以纺织行业作为此项工作的突破口。

3月2日 中共天津市委、市人民政府发出《关于进一步加快个体私营经济发展的决定》。决定要求：①进一步认识个体、私营经济的地位和作用。个体私营经济是社会主义市场经济的重要组成部分，是全市国民经济发展新的增长点。②发展个体私营经济的战略目标的指导原则是：平等竞争、共同发展的原则；放手发展、放开搞活的原则；依法管理、强化服务的原则。③鼓励引导个体、私营经济快速健康发展。④切实加强对发展个体、私营经济工作的组织领导。

同日 天津市人民政府举行第八次全体会议。会议讨论并通过《关于1998年改善城市人民生活10项工作的决定》和《关于1998年改善农村人民生活10项工作的决定》。

3月16日 天津—日本名古屋空中航线正式开通，这是天津滨海国际机场第一条定期国际航班。

4月25日至30日 中国共产党天津市第七次代表大会召开。大会审议并通过中共天津市第六届委员会报告《高举邓小平理论伟大旗帜，为把天津建成北方重要经济中心而奋斗》。报告提出，今后五年全市经济建设的主要目标和任务是：①确保实现"三五八十"阶段性目标，②提高综合实力，③提高人民生活水平，④加快改革开放步伐，⑤加快对内对外开放，⑥加快经济结构战略性调整，⑦加快实施科教兴市战略和可持续发展战略。报告指出，集中精力把经济建设搞上去，要做好以下八项工作：①加快国有企业改革和发展步伐，②积极促进多种所有制经济共同发展，③把对内对外开放提高到一个新水平，④切实把科教兴市战略落到实处，⑤大力发展第三产业，⑥促进农业和农村经济繁荣发展，⑦高标准搞好城市建设和管理，⑧努力提高城乡人民生活水平。

5月20日 中共天津市委、市人民政府决定，组建天津市劳动和社会保障局。该局的主要职责是负责全市的劳动和社会保障工作的总体规划，拟定有关政策和改革方案并组织实施。

11月1日 天津市当时最大的市内立交工程——顺驰立交桥提前竣工通车；同日，连接市区和滨海新区的主要交通干线——疏港公路完成改造工程顺利通车。以此为标志，列入本年改善城乡人民生活20件实事的"12路5桥"工程（包括小王庄大街、金纬南路、广开四马路、西市大街、城厢中路、河东八纬路、北门外大街、民族路、卫东路、迎水道、万松居住区、中山门道12条路和顺驰立交桥、天钢立交桥、迎水道地道、津汉立交桥、京津桥5座桥梁）及一批公路建设项目已全部完成。

本年 全市有常住户籍人口905.09万人，全市地区生产总值为1336.38亿元，人均地区生产总值为14808元，农业总产值为156.16亿元，工业总产值为2562.62亿元，地方财政预算内收入为101.40亿元，全社会固定资产投资额为575.86亿元，城镇居民人均可支配收入为7111元，农民人均纯收入为3890元。

1999 年

1月11日 天津市粮食管理局、天津市粮油集团有限公司同时挂牌成立。粮食管理与粮食经营机构分开是粮食流通体制改革的重大举措。4月16日，18个区县粮食管理机构全部建立。到4月底，区县粮食经营公司全部成立。

1月20日 天津市人民政府召开常务会议，讨论并原则同意市政府《1999年改善城乡人民生活各10项工作的决定》，讨论并原则通过拟提交市十三届人大二次会议审议的《政府工作报告（讨论稿）》，讨论并原则同意《天津市人民政府关于控制大气污染的通告》。

4月14日 中共天津市委召开天津市"三讲"教育动员大会，贯彻中央精神，对全市"三讲"教育特别是市级领导班子、领导干部的"三讲"教育进行动员部署。

6月7日 天津市人民政府与中国农业大学和中国农业科学院分别签订了农业科技合作协议。

6月9日 天津市组织百万干部群众开展"看津城风貌、庆建国50周年，树创新意识、展跨世纪宏图"活动。

6月18日 在1998年度中国建筑工程鲁班奖评选中，天津邮电通信网管理中心大厦、泰达大厦、周恩来邓颖超纪念馆、市计委信息中心、华苑安华里小区和华苑居华里小区6项工程，获建筑工程最高荣誉鲁班奖。这是自1987年设此奖项以来天津市获得该项殊荣数量最多的一年。

6月23日 中共天津市委召开市级领导班子和领导干部"三讲"教育总结大会。天津市市级领导班子和领导干部集中"三讲"教育从4月14日开始到6月23日，圆满完成了任务，取得了预期的成效。

6月25日 天津市人民政府颁布《天津市进一步深化城镇住房制度改革实施办法》及有关配套改革。规定自1999年6月30日起，在全市范围内停止住房实物分配，逐步实行住房分配货币化，这标志着天津住房制度改革进入一个新阶段。

8月5日 国务院对天津市报送的《天津市城市总体规划（1999—2010年）》做出重要批复，进一步明确了对天津市的城市定位。批复强调，天津市是我国直辖市之一，是环渤海地区的经济中心。天津市的建设和发展应坚持人口、经济、社会、环境和资源相协调的可持续发展战略，按照建立社会主义市场经济体制的要求，不断增强城市功能，充分发挥中心城市的作用，努力把天津市建设成为经济繁荣、社会文明、科教发达、设施完善和环境优美的现代化港口城市和我国北方重要的经济中心。

9月7日 中共天津市委、市人民政府召开天津市率先基本实现农业现代化工作推动会。会议要求，各级党委、政府和各级领导干部要深入学习党的十五届三中全会决定和市委关于率先基本实现农业现代化的意见，坚持用邓小平理论和党的基本路线指导农村的改革和发展，进一步加快天津市农业现代化建设的步伐。

9月14日至18日 对外经济贸易合作部和天津市人民政府主办的首届PECC国际贸易投资博览会在津举行。博览会达成贸易和投资意向总额2.26亿美元。

10月8日至16日 1999年世界体操锦标赛在天津举行。

12月11日 天津市农村北水南调一期工程（南北水系沟通工程）开工兴建。该工程总投资1.2亿元，年可调水1.14亿立方米。

本年 全市有常住户籍人口910.17万人，全市地区生产总值为1450.10亿元，人均地区生产总值为15932元，农业总产值为150亿元，工业总产值为2236.98亿元，全市财政收入为206.90亿元，全社会固定资产投资额为566.80亿元，城镇居民人均可支配收入为7650元，农民人均纯收入为4055元。

2000 年

1月3日　天津市人民政府发出《关于进一步扩大对外开放的通知》。通知提出扩大开放的十二项措施，决定成立天津市对外开放工作领导小组。

同日　天津市人民政府发出《关于进一步加快滨海新区发展的通知》。该通知提出了滨海新区建设的指导思想、发展战略构想和目标。总体构想是：以天津港、开发区、保税区为骨架，以现代工业为基础，以外向型经济为主导，商贸、金融、旅游竞相发展，形成基础设施配套、服务功能齐全、面向21世纪的高度开放的现代化经济新区。

1月16日　天津市人民政府召开第20次常务会议，讨论通过了《天津市人民政府关于2000年改善城市人民生活10项工作的决定》和《天津市人民政府关于2000年改善农村人民生活10项工作的决定》。

2月16日　国内首家生产大型断面铝合金工业型材，具有国际先进水平的合资企业——柯鲁斯（天津）铝工业型材公司成立。

2月18日　国家环境保护总局授予大港区"国家环境保护模范城区"荣誉称号。

3月24日　天津市召开国有大中型企业三年改革与脱困推动会议。全市国有大中型工业企业三年改革与脱困进入冲刺阶段，到2000年第三季度末，要使30家大中型亏损企业全部脱困。

6月10日　中共中央总书记、国家主席、中央军委主席江泽民为天津市危陋平房改造工程题词："牢记党的宗旨，造福人民群众。"

6月13日 天津市隆重举行危陋平房改造工程总结表彰大会。大会宣布，用5至7年基本完成市区成片危陋平房改造工程的阶段性目标胜利实现。

7月12日 天津夏利股份有限公司与日本丰田汽车公司合资生产轿车项目奠基。

8月15日 天津市召开引黄济津工程建设动员大会。引黄济津既是解决本市缺水的应急措施，又为天津城市供水开辟了比较可靠的第二水源。此次引黄济津，从山东省东阿县位山闸引黄河水，经位临干渠过卫运河进入清凉江，在河北省泊镇附近回到南运河，至九宣闸进入天津市。引黄济津工程线路总长500多千米，引黄河源水10亿立方米，本市九宣闸收水4亿立方米。

8月21日 天津市人民政府与美国摩托罗拉公司在津举行新闻发布会，宣布摩托罗拉公司在津投资160亿元人民币，建设世界最大的半导体综合生产中心及亚洲最大的通信产品生产基地。

9月12日 历时半年奋力拼搏，墙子河改造工程全线竣工，正式命名为"津河"。

9月14日 经国务院批复同意，本市撤销武清县，设立武清区。

9月19日 全国第一部劳动就业地方法规——《天津市劳动就业管理条例》，经市第十三届人大常委会第十九次会议审议通过。

9月22日 中共天津市委、市人民政府改善城乡人民生活的重点工程——南水北调（一期）工程全线竣工，并被正式命名为"卫河"。

10月18日 全国第一家女性创业基地天津妇女事业服务中心开业。

12月25日 教育部和天津市人民政府在津签署协议，3年出资14亿元，重点共建南开大学和天津大学。

本年　全市常住人口为1000.9万人，全市地区生产总值为1639.41亿元，人均地区生产总值为17940元，农业总产值为155.6亿元，工业总产值为2582.10亿元，全市财政收入为244.8亿元，全社会固定资产投资额为608.2亿元，城镇居民人均可支配收入为8141元，农民人均纯收入为4370元。

2001 年

1月2日　天津市人民政府召开第33次常务会议，讨论通过了《天津市2001年改善城市人民生活10项工作的决定》和《天津市2001年改善农村人民生活10项工作的决定》。

4月6日　天津市召开社会治安工作会议。会议就本市开展"严打"整治斗争进行部署。会议宣布《中共天津市委关于在全市开展"严打"整治斗争的工作方案》。

4月10日　天津市召开整顿和规范市场经济秩序工作会议。会议部署本市整顿和规范市场经济秩序工作。会议提出：要以食品、药品、农资、建材、拼装汽车等为重点，严厉打击制售假冒伪劣商品的行为；以查处规避招标、假招标和转包为重点，整顿和规范建筑市场；以查处偷税、漏税、骗税为重点，强化税收征管工作；以清理压缩音像集中经营场所、查处非法经营的网吧、游戏机房为重点，整顿文化市场；保护公平竞争，维护市场秩序，打破地方封锁和部门、行业垄断；进一步强化安全生产管理，严格执行安全生产责任制和行政责任追究制度。

7月30日　天津市人民政府召开第41次常务会议，审议通过《天津21世纪议程》。《天津21世纪议程》从天津可持续发展的实际出发，从区域和全局的战略高度提出了天津可持续发展的目标、指导方针、重点领域及对策措施，内容覆盖了本市人口、社会、经济、环境等方面的可持续发展战略、政策和行动框架。

8月3日至4日 天津市召开工业工作会议。会议要求：①采取措施，遏制工业经济效益回落势头；②继续保持工业技术改造投资上升势头，增强发展后劲；③站在政治的高度，落实好新三件事，千方百计努力增加职工收入，确保全市增加群众收入目标的实现。

8月29日 天津市科教领导小组召开第六次会议，讨论《天津市基础教育改革和发展的若干意见》及配套文件。

9月13日 天津港10万吨级航道1期工程竣工投入使用，2期工程正式开工。

9月27日 卫津河改造工程竣工。卫津河改造工程全长19.9千米，2001年2月25日开工，工程实施分市区段6.3千米、梅江住宅区5.1千米、外环河桥至海河8.5千米。改造后的卫津河河道上口宽18至30米。在三岔河口引海河水通过津河在八里台外流入卫津河，通过外环河流入海河，形成水循环。卫津河改造后，周边地区环境得到彻底改善。

9月29日 经国务院批准，中共天津市委、市人民政府决定撤销宝坻县，设立宝坻区。

10月25日 天津市人民政府决定，对全市百岁及以上老人，在每人每月由各区县发给营养补助费100元的基础上，由市财政拨款，每月再增加营养补助费100元。

10月31日 天津市人民政府召开实施城镇职工基本医疗保险制度大会。从11月1日起，全市正式实施城市职工医疗保险制度。

11月4日 亚洲最先进的脐带血干细胞库在津建成。

11月16日 天津港货物吞吐量突破亿吨，成为我国北方第一家亿吨大港，跻身世界港口20强之列。

12月12日 国务院总理办公会正式批准天津市区至滨海新区快速轨道交通工程项目建议书。

12月20日 全国第一家人才股份有限公司——天津北方人才港股份有限公司成立。

本年 全市有常住人口1004.06万人，全市地区生产总值为1826.67亿元，人均地区生产总值为19986元，农业总产值为169.5亿元，工业总产值为2852.09亿元，全市财政收入为304.5亿元，全社会固定资产投资额为705.1亿元，城镇居民人均可支配收入为8958.70元，农民人均纯收入为4825元。

2002 年

1月4日 天津市人民政府召开第47次常务会议。会议讨论通过了《天津市2002年改善城市人民生活10项工作的决定》和《天津市2002年改善农村人民生活10项工作的决定》。会议强调，要从实践"三个代表"重要思想的高度，加深对为群众办实事重要意义的认识，按照市委七届九次全会的要求，努力提高办好"新三件事"（增加群众收入、改善生活环境、提高文化品位）的水平，在办实事的过程中，进一步转变政府职能，改进作风，提高效率。

1月10日 据《天津日报》报道，被誉为我国旧城改造典范的天津市危陋平房改造工程，荣获原建设部颁发的"中国人居环境范例奖"。据悉，中国人居环境范例奖为我国首次颁发。10月25日，天津市召开"弘扬危改精神，加快天津发展"大讨论经验交流会。会议指出，当前和今后一个时期，要在加快发展服务业、进一步扩大对外开放、搞好搞活中小企业、增加群众收入和加快城市环境建设等五个方面尽快取得新突破，这是加快天津发展的着力点和用力方向。

1月11日 据《天津日报》报道，2001年天津市地区生产总值增幅12%，首次位居全国第一，实现连续10年平均两位数增长。

4月8日至12日 中国共产党天津市第八次代表大会召开。会上作《认真实践"三个代表"重要思想为率先基本实现现代化而努力奋斗》的报告。报告的主要内容是：①过去工作的基本总结，②面临的形势和奋斗目标，③努力推进社会生产力的跨越式发展，④努力加强先进文化建设和民主法制建设，⑤努力实现最广大人民的根本利益，⑥全面推进党的建设新的伟大工程。大会选举出了新一届市委、市纪委，选举出天津市出席党的十六大代表，通过了关于中共天津市第七届委员会报告和市纪律检查委员会工作报告的决议。

6月1日 中共天津市委召开常委会扩大会议，学习领会江泽民总书记5月31日在中央党校省部级干部进修班毕业典礼上的重要讲话。会议要求：①必须不断增强贯彻"三个代表"重要思想的自觉性和坚定性，②必须弘扬与时俱进的精神，③必须紧紧抓住发展这个执政兴国的第一要务，④必须进一步加强和改进党的群众工作。

7月2日 中共天津市委召开全市农村"三个代表"重要思想学习教育活动总结表彰会议。会议要求，要把发展作为执政兴国的第一要务，进一步推动农村经济发展和农民收入稳步增长。要把保持党的先进性作为加强农村基层组织建设的核心，进一步提升农村基层党组织建设的水平。

10月15日 中共天津市委、市人民政府发出《关于设立天津空港物流加工区的通知》，要求空港物流加工区努力建成连接海内外，服务、辐射中国北方和全国的国际物流加工基地。

11月16日 中共天津市委召开常委会会议，传达党的十六大和十六届一中全会精神。中国共产党第十六次全国代表大会11月8日至14日在北京举行。这次大会的主题是：高举邓小平理论伟大旗帜，全面贯彻"三个代表"重要思想，继往开来，与时俱进，全面建设小康社会，加快推进社会主义现代化，为开创中国特色社会主义事业新局面而奋斗。

本年 全市有常住人口1007.18万人，全市地区生产总值为2022.6亿元，人均地区生产总值为22068元，农业总产值为181.07亿元，工业总产值为3717.72亿元，全市财政收入为375.81亿元，全社会固定资产投资额为811.6亿元，城市居民人均可支配收入为9338元，农民人均纯收入为5315元。

2003 年

1月7日至8日 天津市工业工作会议召开。会议提出,走新型工业化道路,推进新一轮嫁改调,为实现"三步走"战略发挥主力军作用。

1月13日 天津市人民政府召开第六次全体会议。会议要求认真贯彻落实市委八届三次全会精神,确保经济工作良好开局。会议原则通过提请市十四届人大一次会议审议的《政府工作报告(讨论稿)》,讨论通过《天津市关于2003年改善城市人民生活10项工作的决定》和《天津市关于2003年改善农村人民生活10项工作的决定》。

4月10日 天津市区县经济工作会议召开。会议确定,全市区县经济发展的基本思路是:充分发挥区县的区位和资源优势,通过完善和创新,加快农业产业化、郊区工业化、郊区城市化和城乡一体化发展步伐,提高区县经济实力和城乡居民收入,推进"三步走"战略目标的实现。

5月1日 中共中央总书记、国家主席胡锦涛在天津检查非典型肺炎防治工作。胡锦涛强调,各级党委和政府一定要从实践"三个代表"重要思想的高度,充分认识防治非典型肺炎工作的极端重要性,做好应对各种困难和复杂局面的充分准备,团结动员广大干部群众,万众一心、众志成城,科学防治、战胜"非典",真正经受住这场斗争的考验,最后的胜利一定属于不屈不挠的中国人民。他指出,天津市委、市政府认真贯彻落实中央的部署,对疫病防治工作是重视的,采取的各项措施是积极有效的，并做了大量工作。

5月29日　天津市金融工作座谈会召开。会议要求，认真贯彻党的十六大和全国银行证券保险工作会议精神，围绕天津实施"三步走"战略，加强工商企业和金融企业的交流与合作，加大金融对经济发展的支持力度，提高金融资产质量，促进经济与金融业同时跨越发展。

6月10日　天津市农村卫生工作会议召开。会议提出农村卫生工作发展目标，即到2007年，在全市农村基本建立起与社会主义市场经济体制要求和全市农村经济社会发展水平相适应的、功能完善的农村卫生服务体系和新型农村合作医疗制度。

6月12日　中共天津市委发出《关于认真学习〈"三个代表"重要思想学习纲要〉的通知》。通知指出，纲要的印发，是贯彻落实党的十六大精神、推动在全党兴起学习贯彻"三个代表"重要思想新高潮的重要举措，是我们党思想理论建设的一件大事。

8月15日　中共天津市委召开常委会扩大会议，学习贯彻中央关于加强人才工作的指示精神。会议要求，要把人才工作摆在更加突出的位置，大力实施人才强市战略，努力构筑人才的优势，为全面建设小康社会、加快实施天津"三步走"战略提供智力支持和人才保证。

9月8日　天津市再就业工作会议召开。会议提出，从2003年起至2005年，天津市将实现新增劳动就业岗位61万个，分流安置34万下岗失业人员，解决新增劳动力就业20万人，依法规范和理顺劳动关系，把城镇登记失业率控制在4%以内，使城镇登记失业人员保持在与天津市经济发展相适应的较低常量。通过3年的努力，实现下岗失业人员并轨，解决国有企业改制过程中富余职工下岗这一阶段性、历史性的问题。

9月26日　中共天津市委、市人民政府召开农村税费改革试点工作会议，部署天津市农村税费改革试点工作。会议提出：一要认真细致地制定税费改革方案，本着改革、减负、规范、稳定的原则，做到内容具体、政策明确、措施有力；二要做好农业税征管工作，做到政策公开、工作透明、主体合法、程序合规；三要管好用好转移支付资金，制定规范的办法和相应的监督措施，确保资金落实到乡镇、村，为农村税费改革的顺利推进提供财力保障；四要切实加强农民负担监督管理，真正让农民多得实惠，保证农民负担不反弹；五要落实好相关配套政策，确保改革的顺利推进。

本年 全市有常住人口1011.30万人，全市地区生产总值为2386.94亿元，人均地区生产总值为25874元，农业总产值为193.50亿元，工业总产值为4370.76亿元，全市财政收入为451.74亿元，全社会固定资产投资额为1046.72亿元，城市居民人均可支配收入为10313元，农民人均纯收入为5861元。

2004 年

1月6日　天津市劳动和社会保障工作会议召开。会议确定2004年新增就业人员20万人，安置下岗失业人员13万人，其中"4050"人员3万人。将城镇登记失业率控制在4%以内。打造天津市人力资源开发服务品牌，逐步形成覆盖城乡、功能完善、高效诚信的职业介绍服务网络，强化再就业培训工作。

2月9日　中共天津市委、市人民政府召开农村工作会议。会议提出2004年天津市农业和农村在生产力发展、社会进步、农民收入和区县经济实力四个方面的奋斗目标：郊区地区生产总值增长15%，财政收入增长20%，固定资产投资增长30%，实际利用外资增长40%，农民人均纯收入增长10.2%。七个区县地区生产总值超过100亿元，五个区县财政收入超过10亿元。

2月25日　天津市人民政府召开第19次常务会议。会议讨论并原则通过《天津市2004年改善城乡人民生活20项工作的决定》和2004年政府立法计划。

4月2日　天津市对外开放工作会议召开。会上印发了《关于进一步扩大对外开放加快开放型经济发展的决定》。会议强调，在天津新的发展阶段，一定要牢固树立、认真落实科学发展观，认识世界经济发展的大趋势，以开放促改革，以改革保证开放，特别是要为发展和改革创造良好的体制环境。

5月14日　天津市街道社区党建工作会议召开。会议要求，要紧紧抓住服务群众这个根本，大力增强社区党建工作的生机与活力；要以充分发挥党组织作用为目标，积极构建以社区党组织为核心的社区组织体系；要切实加强组织领导，努力把天津市街道社区党建工作提高到新水平。

6月15日 中共天津市委批准了市纪委、市委组织部关于巡视机构设置、人员配备和开展巡视工作的方案，标志着天津市巡视机构的正式组成。根据中央和中央纪委的有关指示精神，从2003年8月开始，市委明确提出，要成立巡视机构，配备专职人员，建立和完善相关制度，进一步加强对区县局党政领导班子和领导干部的监督。

6月21日 中共天津市委召开市委巡视组成立暨巡视工作动员会，对2004年的巡视工作进行动员部署。

6月22日至23日 中央文明办在天津市召开全国未成年人思想道德建设经验交流会。会议强调，要认真贯彻落实中央关于加强和改进未成年人思想道德建设的决策部署，以学校为龙头、社区为平台、家庭为基础，把学校、社区、家庭三个方面力量有机组合起来，形成"三位一体"的思想道德教育网络，共同创造有利于未成年人健康成长和全面发展的良好环境。

7月29日 中共天津市委、市人民政府召开农村饮水解困工作表彰大会。会议宣布用3年时间完成农村饮水解困工程的目标提前半年实现。2001年以来，共打机井2000多眼，新建配电工程近900处，铺设输水管道14万米，修建小水窖10000多座，投入资金3亿多元，基本解决了近2600个村、265万人的饮水问题。

9月22日 中共天津市委、市人民政府召开加强环境保护和环境卫生工作动员大会。会议宣读了《天津市人民政府关于加强环境保护和环境卫生工作的决定（草案）》，按照"提高认识、统一规划、属地管理、专业服务、各负其责、全面监督"的要求，对天津市从当前到2007年底的环境保护和市容环境卫生工作进行全面部署，要求集中全社会力量共同做好环保环卫工作，努力把天津建设成为空气清新、河水清澈、环境整洁、市容优美的宜居城市。

本年 全市有常住人口1023.67万人，全市地区生产总值为2931.88亿元，人均地区生产总值为31550元，农业总产值为221.35亿元，工业总产值为5763.93亿元，全市财政收入为502.13亿元，全社会固定资产投资额为1258.98亿元，城市居民人均可支配收入为11467元，农民人均纯收入为6525元。

2005年

1月14日 中共天津市委召开保持共产党员先进性教育活动动员大会，对全市开展先进性教育活动进行动员部署。会议指出，开展先进性教育活动，是永葆党的先进性的迫切需要，是适应新形势的迫切需要，是完成新阶段历史任务的迫切需要，是落实立党为公、执政为民的迫切需要。

1月16日 中共天津市委印发《关于开展以实践"三个代表"重要思想为主要内容的保持共产党员先进性教育活动工作方案》。市委决定，从2005年1月至2006年9月，分三批在全市党组织和党员中开展以实践"三个代表"重要思想为主要内容的保持共产党员先进性教育活动。

2月7日 天津市人民政府确定2005年改善城乡人民生活的20件事。

3月7日 出席全国政协十届三次会议的57位在津全国政协委员，联名向大会递交提案，建议国务院进一步支持天津滨海新区加快发展。提案分析了天津滨海新区具备的带动环渤海地区经济振兴和促进东北亚地区合作的条件。提案建议，请国家对天津滨海新区给予必要的支持。提案围绕将天津滨海新区发展纳入国家经济和社会发展"十一五"规划纲要，把天津滨海新区列为国家综合改革试验区、全国金融制度创新试点及土地等问题进行了建议。

4月8日 天津市召开加快发展现代服务业工作会议。会议强调，加快发展现代服务业，是落实科学发展观、构建和谐社会的内在要求，是本市实施"三步走"战略和五大战略举措的重要内容。要充分利用本市的基础优势和各种条件，进一步明确现代服务业发展的目标、任务和措施，抓住重点部位和薄弱环节，集中力量实施重点突破，全面提升城市服务功能和综合竞争力，更好地服务环渤海，服务全国，融入世界。

9月13日 天津市召开文明生态村创建工程推动会。会议提出，按照全市文明生态村创建工程的统一规划，到2010年，累计创建300个示范型文明生态村、1900个标准型文明生态村，使全市60%以上的村建设成为文明生态村。

11月9日至10日 中共天津市委召开八届八次全会。全会审议通过了《中共天津市委关于加快推进滨海新区开发开放的意见》。

本年 全市常住人口为1043万人，全市地区生产总值为3663.86亿元，人均地区生产总值为35457元，农业总产值为238.34亿元，工业总产值为6774.10亿元，全市财政收入为725.52亿元，全社会固定资产投资额为1516.84亿元，城市居民人均可支配收入为12639元，农村居民人均纯收入为7202元。

2006 年

1 月 10 日 天津市农口领导干部会议召开。会议要求，要坚持"以产业化提升农业，以城市化带动农村，以工业化富裕农民"的思路，全面推进农村经济社会发展；要带着深厚的感情精心做好群众工作，关心群众生活，解决群众困难，维护群众利益，调动群众积极性；要始终把保持稳定放在突出位置，巩固和发展来之不易的大好形势，及时发现和妥善处理各种矛盾，并加强安全防范，避免各类安全事故的发生；要认真抓好农村保持共产党员先进性教育活动。

2 月 10 日 天津市人民政府制定《天津市 2006 年改善城乡人民生活 20 件实事的决定》。

3 月 1 日 中共天津市委召开常委会扩大会议。会议强调指出，要深刻认识建设社会主义新农村的战略意义，用科学发展观统领社会主义新农村建设，把发展农村生产力作为根本任务，把提高农民生活水平作为根本目的，把提高农民的综合素质作为根本途径，把加强农村党组织建设作为根本保证，确保新农村建设扎实稳步地开展。

3 月 24 日 天津市投资 15 亿元的 5 项重点水利工程全面启动。包括防洪除涝工程、城市洪水工程、病险水库除险加固工程、水环境治理工程、节水工程。

同日 天津市烈士陵园落成。烈士陵园位于北辰区铁东路和外环线交叉处，占地 6.67 公顷。

4 月 14 日 中共天津市委召开常委扩大会议，传达学习全国文化体制改革工作会议精神，研究部署进一步深化本市文化体制改革问题。会议指出，要从全局和战略的高度，深刻认识文化体制改革的重大意义，切实摆在更加突出的战略地位，进一步增强责任感、使命感和紧迫感，坚持以科学发展观为统领，积极稳妥地推进文化体制改革，努力开创文化发展的新局面，为实现"三步走"战略目标提供重要的文化支撑。

4月26日 国务院召开常务会议，研究推进天津滨海新区开发开放的意见。会议指出，推进天津滨海新区开发开放，是在新的历史条件下，党中央、国务院从我国经济社会发展全局出发做出的重要战略部署，对于提升京津冀乃至环渤海地区的国际竞争力，促进东部地区率先发展，形成东中西互动、优势互补、相互促进、共同发展的区域协调发展格局具有重要意义。

5月30日 国务院在津召开推进天津滨海新区开发开放座谈会。

7月27日 国务院对《天津市城市总体规划（2005—2020年）》作出批复，进一步明确了天津城市的性质、定位与发展重点，并对天津市城市发展、建设和管理提出了明确要求。

8月31日 天津市社区建设工作会议召开。会议从加强社区公共环境服务、生活保障性商业服务、就业服务、保障和救助服务、卫生服务、养老服务、文化服务、安全服务等方面，对加强社区公共服务体系建设进行部署，并对完善社区工作保障条件提出要求。

同日 国务院正式批复设立天津东疆保税港区。东疆保税港区规划面积10平方千米，位于天津港的东疆港区，为浅海滩涂人工造陆形成的三面环海半岛式港区，有着特殊的地理环境，便于封闭管理。

9月21日 天津市召开推进东疆保税港区建设座谈会，贯彻《国务院关于设立天津东疆保税港区的批复》精神，加快东疆保税港区建设，全面推进滨海新区开发开放。

10月19日 中共天津市委、市人民政府召开社区卫生服务工作会议，贯彻落实《国务院关于发展城市社区卫生服务的指导意见》和全国城市社区卫生工作会议精神，总结交流社区卫生工作经验，部署进一步深入发展社区卫生服务的工作任务，加快推进本市社区卫生服务全面、协调和可持续发展。会议印发了《中共天津市委、天津市人民政府关于进一步发展社区卫生服务的决定》。

本年 全市常住人口为1075万人，全市地区生产总值为4337.73亿元，人均地区生产总值为40961元，农业总产值为251.50亿元，工业总产值为8907.45亿元，全市财政收入为925.62亿元，全社会固定资产投资额为1849.80亿元，城市居民人均可支配收入为14283元，农村居民人均纯收入为7942元。

2007 年

3月2日　天津市人民政府发布《天津市2007年改善城乡人民生活20件实事的决定》。

3月29日　世界首例胚胎克隆波尔山羊在天津市农科院实现自然交配分娩，这标志着我国攻克良种家畜快速繁育的技术难题。

5月15日　空客A320系列飞机天津总装线项目在滨海新区空港物流加工区开工，标志着中欧在航空领域重大合作项目的建设全面启动。法国总统希拉克致信祝贺，并委派法国驻华大使苏和出席开工仪式。（2006年6月8日，中国政府批准该项目选址天津滨海新区。10月26日，在胡锦涛主席和法国总统希拉克的共同见证下，双方正式签署了框架协议。）

5月29日至6月2日　中国共产党天津市第九次代表大会召开。会议审议并通过《进一步加快滨海新区开发开放，为天津科学发展和谐发展率先发展而奋斗》的报告。报告的主要内容是：①过去五年的工作回顾，②今后五年的目标任务，③进一步加快滨海新区开发开放，④努力促进经济又好又快发展，⑤共建共享社会主义和谐社会，⑥加强党的执政能力建设和先进性建设。大会选举产生新一届市委、市纪委，选举出天津市出席党的十七大代表，通过了关于中共天津市第八届委员会报告和市纪律检查委员会工作报告的决议。

8月6日　中共天津市委、市人民政府在武清区召开推进城乡一体化发展战略、加快社会主义新农村建设工作会议。会议指出，要积极实施城乡一体化战略，扎实推进社会主义新农村建设，大力发展区县经济，促进农业强起来、农民富起来、农村繁荣起来，努力开创本市"三农"工作的新局面。

同日 中共天津市委、市人民政府印发《关于推进城乡一体化发展战略，加快社会主义新农村建设的实施意见》。主要内容是：①加强现代农业建设，②加快非农产业发展，③推进农村城市化，④改善民计民生，⑤机制与措施保障。

9月6日 新一代运载火箭产业化基地落户天津，天津市与国防科工委举行签约仪式。10月30日，新一代运载火箭产业化基地在天津滨海新区正式开工建设。

9月27日 天津市精神文明建设委员会召开全体会议。会议指出，要从全局和战略的高度，深刻认识加强社会主义精神文明建设的极端重要性和紧迫性，突出重点，真抓实干，不断提高市民的整体素质和社会的文明程度，推动天津又好又快发展。

10月27日至29日 中共天津市委召开九届二次全体会议。全会深入学习贯彻党的十七大精神，审议通过了《中共天津市委关于认真学习宣传贯彻党的十七大精神的决定》。

11月18日 中新两国政府签署关于在天津建设生态城的框架协议。中新生态城正式选址天津滨海新区。

12月11日 天津东疆保税港区（一期）正式开港，标志着滨海新区开发开放和综合配套改革试验取得新进展。

本年 全市常住人口为1115万人，全市地区生产总值为5018.28亿元，人均地区生产总值为45829元，农业总产值为240.7亿元，工业总产值为10502.91亿元，全市财政收入为1204.33亿元，全社会固定资产投资额为2388.63亿元，城市居民人均可支配收入为16357元，农村居民人均纯收入为8752元。

2008 年

1月1日 《天津市农村社会基本养老保障暂行办法》实施，为把农村老年人养老纳入社会养老保障提供制度性安排。

1月4日 天津市和平区、河西区、武清区、塘沽区、东丽区、河东区、蓟县、西青区、南开区、河北区10个区县被命名为全国双拥模范城（县）。

1月18日 中共天津市委、市人民政府在新技术产业园区中国工程机械总公司召开实施20项自主创新产业化重大项目现场办公会。这批项目的80%被列入国家重大专项、863计划和科技支撑重大项目，总投资158亿元，其中研发总经费达到39亿元。

2月3日 《天津市建立基本生活必需品价格上涨与困难群众生活补助联动机制试行办法》出台。

2月18日 我国北方最大的再生资源及有色金属集散地——天津子牙环保产业园被确定为国家循环经济试点园区。

2月20日 中共天津市委、市人民政府在北辰区耀皮工程玻璃有限公司高档工程玻璃项目现场召开区县重大项目推动会，共筛选确定了2008年重点实施的145个重大项目，总投资1916亿元。

2月29日 中共天津市委发出《关于在全市开展"解放思想、干事创业、科学发展"大讨论活动的决定》。该决定指出，从现在起到7月底，在全市党员干部群众中开展"解放思想、干事创业、科学发展"大讨论活动。

3月13日　国务院作出《关于天津滨海新区综合配套改革试验总体方案的批复》，原则同意《天津滨海新区综合配套改革试验总体方案》。批复提出，用五至十年时间，在滨海新区率先基本建成完善的社会主义市场经济体制，推动新区不断提高综合实力、创新能力、服务能力和国际竞争力，使新区在带动天津发展、推进京津冀和环渤海区域经济振兴、促进东中西互动和全国经济协调发展中发挥更大的作用，为全国发展改革提供经验和示范。

4月16日　全国首支华侨投资基金在天津滨海新区注册。基金规模50亿元人民币，基金将在全球募集。

5月27日　天津市召开城市管理工作会议。会议确定城市管理的目标是，坚持"科学、严格、精细、长效"的方针，以实现城市净化、序化、绿化、美化为重点，逐步实现依法、现代、理性管理，基本形成特色鲜明的街景组团、畅通美观的道路网络、生态良好的都市绿化体系、和谐共生的宜居生态系统，努力把天津建设成为国内最干净、最靓丽的城市之一。

6月27日　天津港满洲里过境集装箱班列开通，标志着又一条亚欧大陆桥运输线成功启动。

6月　国务院确定19省市对口支援汶川地震灾后恢复重建，天津市对口支援陕西受灾严重的宁强县、略阳县。

7月10日　中共天津市委召开常委会扩大会议，听取关于2008年20项民心工程的汇报，听取关于2008年至2010年增加城市居民人均可支配收入工作计划的汇报，听取关于第三批20项重大工业项目有关情况的汇报，听取关于京沪高速铁路天津段等项目融资方案的汇报，听取关于天津夏季达沃斯论坛筹备工作的汇报。

8月1日　国内首条具有世界一流水平、最高运营时速350千米的高速铁路——京津城际铁路正式通车运营，标志着我国进入高速铁路时代。通车运营仪式同时在北京南站和天津站举行。

8月26日 天津市召开"平安社区行动"动员大会。会议提出，要通过开展"平安社区行动"，把广大人民群众激发出来的奥运热情凝聚到参与维护治安、促进和谐稳定的实际行动中来，进一步发挥"平安天津志愿者"在平安社区建设中的作用，积极营造安定和谐的生活环境。

9月26日 世界首家企业资源交易中心——瑞普（天津）资源交易中心有限公司开业。

9月28日 中国与新加坡合作的中新天津生态城在滨海新区正式开工。中新天津生态城规划面积为30平方千米，计划用十到十五年时间基本建成。中新天津生态城是世界上第一个国家间合作开发建设的生态城市。

同日 空中客车A320天津总装公司在空港物流加工区正式投产。空客A320系列飞机总装线的正式投入运营，使天津在航空产业发展方面走在全国前列。

11月13日 天津市"农家书屋"工程启动暨首批百个"农家书屋"落成揭牌仪式在北辰区双街镇上蒲口村举行。

11月17日 南水北调中线一期天津干线工程正式开工建设。

12月28日 航天器制造及其应用产业基地、无人机及环保设备产业基地在天津市开工建设，天津航天长征火箭制造有限公司等11家公司正式揭牌。这11家公司具体负责新一代运载火箭基地、航天器制造及其应用产业基地、无人机及环保设备产业基地的规划建设。

本年 全市常住人口为1176万人，全市地区生产总值为6354.38亿元，人均地区生产总值为55473元，农业总产值为267.94亿元，工业总产值为12506.83亿元，全市财政收入为1489.89亿元，全社会固定资产投资额为3404.09亿元，城市居民人均可支配收入为19423元，农村居民人均纯收入为9670元。

2009 年

2月1日　中共天津市委、市人民政府召开保增长、渡难关、上水平动员大会。活动主要有三项重点内容：①组织机关干部下企业搞服务，②实施政府服务大提速，③制定针对性和操作性强的扶持政策。围绕以上三项内容，制定30项政策措施，组织三级机关的3000名干部，用3个月时间深入企业，帮助企业实实在在解决困难和问题。

2月3日　中共天津市委、市人民政府制定《关于当前促进经济发展的30条措施》。

同日　天津市召开第三批区县重大项目建设现场推动会。此次确定的第三批区县重大项目共118个，总投资903.2亿元。其中，农业项目13个，投资34.8亿元；工业项目67个，投资413.4亿元；服务业项目38个，投资455亿元。

2月17日　我国最大的金融科技产业园——恒银金融科技园在天津滨海新区空港物流加工区开工。恒银金融科技园列入天津市80项重大工业项目和35项重大自主创新产业化项目，预计投资9.5亿元。该项目建成后，将组建国家电子银行工程研究中心和金融自助服务运营中心，成为国内领先的金融自助设备研发基地和产业化基地。

3月17日　天津市召开深入学习实践科学发展观活动第一批总结暨第二批动员大会。会议指出，要把"保增长、渡难关、上水平"作为科学发展最大的实践、联系实际最主要的内容、解决问题最紧迫的任务、求真务实最需要取得的实效，坚定信心，攻坚克难，真抓实干，推动经济社会又好又快发展。

4月17日 天津市颁布《天津市城乡居民基本医疗保险规定》和《天津市城乡居民基本养老保障规定》。天津市是全国第一个实现两项制度城乡统筹发展的省级统筹地区。

4月21日 2009中国·天津国际航空航天贸易展洽会开幕。法国、美国、意大利、加拿大、俄罗斯、西班牙等国家的航空航天企业及行业协会，以及国内航空航天企业及科研院所共16个国家的346家企业单位参加。

4月28日至29日 第八届中欧工商论坛在天津滨海新区举办。本次论坛由南开大学、中欧国际工商学院主办，政协天津市委员会、中国人民外交学会协办。本届论坛以"加强中欧合作，面对全球挑战"为主题，探讨在国际金融危机的背景下，加强中欧交流合作，共同应对挑战的途径和措施。

5月8日 天津市首条穿越海河隧道全线贯通。该隧道位于刘庄桥南侧，全长226.5米，其中穿越海河长度为113.5米。

5月18日 由空中客车（天津总装有限公司）完成总装的空客A320飞机成功完成首次测试飞行。这是首架在中国完成总装的空客A320飞机。

5月18日至19日 中国经济社会理事会与欧盟经济社会委员会圆桌会议第五次会议在天津举行。

5月29日 国内首座拥有完全自主知识产权的全数字化220千伏变电站——陈甫220千伏变电站在天津建成投产。

6月10日 国内首家专业从事国际间企业股权投融资信息交易的第三方平台——滨海国际股权交易所正式运营。

6月28日 由科技部和天津市政府会同国家13个部委、7个国际和区域性组织共同主办的2009国际生物经济大会暨展览会在天津滨海国际会展中心开幕。

6月29日 天津市科委、发展改革委、财政局、知识产权局联合召开发布会，向社会推出首批天津市自主创新产品目录，首批57家企业156个产品获得天津市自主创新产品认定。

7月1日 全国最大动漫产业基地——国家动漫产业综合示范园在天津正式开工。

7月6日 我国首座自主开发、设计、制造并建设的整体煤气化联合循环发电系统示范工程——华能绿色煤电天津IGCC示范电站在临港工业区开工。

8月1日 国务院批准天津港口岸扩大对外开放。

8月29日 我国北方规模最大的中远期大宗商品电子化交易市场——天津港保税区大宗商品电子化交易市场正式开业运营。

9月28日 渤海商品交易所在天津挂牌成立。

10月15日至16日 中共天津市委召开九届六次全体会议。全会审议通过了《中共天津市委关于贯彻落实〈中共中央关于加强和改进新形势下党的建设若干重大问题的决定〉的意见》和《中国共产党天津市第九届委员会第六次全体会议决议》。

10月26日 第六届PECC国际贸易投资暨国际生态城市建设博览会在天津开幕。天津市与联合国驻华系统和联合国基金会签署合作备忘录。

11月9日 全球首家铁合金交易所——天津铁合金交易所挂牌成立。

11月 国务院批复天津市报送的《关于调整天津市部分行政区划的请示》，同意撤销天津市塘沽区、汉沽区、大港区，设立天津市滨海新区，以原塘沽区、汉沽区、大港区的行政区域为滨海新区的行政区域。

12月25日　中共天津市委宣布，组建中共天津市滨海新区委员会，撤销中共天津市委滨海新区工作委员会；组建中共天津市滨海新区塘沽工作委员会、汉沽工作委员会、大港工作委员会，撤销中共天津市塘沽区委员会、汉沽区委员会、大港区委员会。

本年　全市常住人口为1228.16万人，全市地区生产总值为7500.80亿元，人均地区生产总值为62403元，农业总产值为281.65亿元，规模以上工业总产值为13056.56亿元，全市财政收入为1805亿元，全社会固定资产投资额为5006.32亿元，城市居民人均可支配收入为21430元，农村居民人均纯收入为10675元。

2010 年

1月2日 2009 年度"世界特色魅力城市 200 强"名单在日本东京公布,天津等 31 个中国城市榜上有名。

1月5日 中共天津市委召开常委会扩大会议,研究实施 2010 年 20 项民心工程、全面提升城市管理水平等问题。

1月16日 天津百万吨乙烯项目实现一次开车成功,生产出合格产品,创造了国内建设速度最快、在北方极端严寒天气下开车时间最短的新纪录。

2月20日 中共天津市委、市人民政府召开"解难题、促转变、上水平"活动动员大会暨新一批重大项目建设推动会。

2月21日 中国银监会批准全国首家外资消费金融公司——捷信消费金融(中国)有限公司在天津筹建,这是全国首批获准试点的四家消费金融公司之一。

2月25日 中共天津市委、市人民政府召开农村居住社区、示范工业园区和农业产业园区建设现场推动会。会议指出,推进"三区"统筹联动发展,要以示范小城镇建设为龙头,加快"三个集中",即农业向产业园区集中、郊区工业向示范工业园区集中、农村居民向居住社区集中,充分体现聚集效益。

3月1日 天津市召开深入学习实践科学发展观活动总结大会。会议指出,天津市深入学习实践科学发展观活动,从 2008 年 9 月开始到 2010 年 2 月,历时一年半时间,自上而下分三批进行,目前已经基本结束。共有4.9万个党组织、90多万名党员参加。

3月17日 《天津市知识产权战略纲要》发布。

3月25日 天津市召开文化大发展大繁荣攻坚战推动会。会议确定，天津市文化建设总的发展目标是，到2015年，文化发展主要指标位居全国前列，文化产业增加值占全市生产总值的比重超过5%，文化综合实力和竞争力显著提升，初步建成富有独特魅力和创造活力的文化强市。

3月29日至4月3日 天津市农业经贸考察团赴台湾学习考察，签署39个项目协议意向。

3月30日 天津市最大的风电项目——大港沙井子风电项目一期工程举行开工奠基仪式。

4月1日 天津市开始实施65岁以上老人凭老年证免费乘坐本市220条线路的公交车惠民政策。

同日 《天津市城市管理规定》正式实施。

4月7日 中新天津生态城智能电网综合示范工程开工。

4月12日至13日 天津市党政代表团赴陕西省，考察天津市对口支援陕西震后恢复重建工作并进行对口援建项目竣工交接。"5·12"汶川特大地震发生后，天津市按照党中央、国务院的决策部署，全力以赴做好对口支援陕西灾区恢复重建工作，实现了"三年任务两年完成"目标，在各援建省份中率先与受援地区完成交接，创造了"规划先行、注重民生、依靠当地、联合推动、长短结合、科学援建"的天津模式。

4月13日 天津市与新疆维吾尔自治区召开对口支援工作座谈会并签署会谈纪要。天津市对口支援新疆和田地区策勒县、于田县和民丰县。根据会谈纪要，天津市建立前方指挥部和后方协调机制，紧紧围绕改善民生、促进发展、培养人才、增加就业四个方面深入开展工作，形成经济援疆、干部援疆、人才援疆、教育援疆协同推进的新局面。

5月9日至13日 上海世博会天津活动周举行。以"渤海新潮"为主题，展现天津深厚的历史文化底蕴、改革开放和现代化建设的喜人成就。

5月11日 中石化天津百万吨乙烯、千万吨炼油项目建成投产总结表彰大会暨商业运行仪式在滨海新区举行。会议表彰了在项目建设中做出突出贡献的先进单位、集体和个人。

5月16日 首届中国残疾儿童艺术节在天津华夏未来少儿艺术中心开幕。来自全国22个省、市、区和港澳台地区的56所特教学校及残疾儿童福利机构的孩子展示了才艺。

6月1日 中国首台实测性能超千万亿次的超级计算机——曙光"星云"高性能计算机系统在天津高新区诞生。超千万亿次的计算能力再次刷新了中国高性能计算的最高速度，同时在全球TOP500榜单位居第二，创造了中国高性能计算机全球排名的最好成绩，这是曙光公司继曙光4000A、曙光5000A之后再次进入全球TOP500榜单前十名。

6月12日 天津市第十二届运动会暨首届全民健身大会开幕。大会共设6个组别，20万市民参与。

8月 甘肃省舟曲县发生特大泥石流灾害后，中共天津市委、市人民政府向甘肃省委、省政府发去慰问电，并捐款500万元。

9月12日 中国·天津国际友好城市圆桌会议在天津开幕。

9月21日 中俄东方石化（天津）有限公司年产1300万吨炼油项目奠基仪式在南港工业区举行。

同日 中国文学艺术界联合会与天津市人民政府战略合作框架协议签字仪式在津举行。根据协议，中国文联鼓励和支持各团体会员与天津市在文学、影视、戏剧、曲艺、美术、舞蹈、摄影、书法、杂技等多个艺术领域开展合作。

10月4日至9日 气候变化国际谈判天津会议召开。

10月11日 国家级云计算战略新兴产业旗舰总部落户天津市西青区学府工业园。

10月14日 丹佛斯商用压缩机集团百福马H&M系列压缩机生产线落成投产仪式在天津市武清区举行。

10月15日 天津文学馆、天津画院开工建设。

10月20日 第六届中韩高层财经界对话会在天津举行。

10月24日 引黄济津潘庄线路应急输水工程在山东省德州市正式通水。

10月25日 世界500强企业美国豪士科集团在中国设立的首个制造加工基地——捷尔杰（天津）设备有限公司在空港经济区投产。

11月2日 天津市召开和谐社区建设推动会。会议指出，加强和谐社区建设，重点在建设文明社区、整洁社区、和谐社区三个方面狠下功夫。要继续增加居委会办公经费，继续提高居委会人员生活补贴标准，组织街道负责人、居委会主任游览观赏海河灯光夜景。

11月8日 中国航空工业集团公司自主研发的AC311轻型多用途民用直升机在天津总装下线首飞成功。

11月11日 天津市通过由水利部和全国节约用水办公室组织的南水北调东中线规划区节水型社会建设试点验收，荣获"全国节水型社会建设示范市"称号。

12月29日 天津入选中国十大魅力旅游城市。

12月31日 天津和谐型大功率电力机车项目投产，首台新造机车组装下线。

本年 全市常住人口为1293.82万人，全市地区生产总值为

9108.83亿元，农业总产值为319.01亿元，工业总产值为17016.01亿元，全市地方一般预算收入为1068.81亿元，全社会固定资产投资额为6511.42亿元，城市居民人均可支配收入为24293元，农村居民人均纯收入为11801元。

2011年

1月1日　天津市建立全民意外伤害保险制度，提高城乡居民住院和门（急）诊报销待遇。

1月2日　教育部《中等职业教育改革创新行动计划（2010—2012年）》全面启动，天津市承担12项教改试点任务。天津滨海国家职业教育示范区建设研究被纳入行动计划科研立项。

1月5日　中共天津市委召开常委会扩大会议，研究实施2011年20项民心工程。

1月8日　《人民日报》头版刊发文章，报道天津市率先建立统一的城乡居民基本医疗保险制度。

1月9日　津滨高速公路改扩建工程完工。海滨大道全线竣工通车。

1月31日　天津光谷产业园揭牌仪式在静海县举行，标志着具有国际一流水平的光电子产业集中区和光电子产品制造基地正式启建。

2月10日　天津市举行"调结构、增活力、上水平"活动动员大会暨新一批重大项目建设现场推动会。市委、市政府决定，2月10日至8月31日，在全市广泛开展"调结构、增活力、上水平"活动，组织市和区县、乡镇（街道）三级党政机关2700名干部，成立550个服务工作组，市级领导同志每人确定2个联系点，深入基层、企业和项目单位开展帮扶。全市新推出180项重大项目，包括第七批工业重大项目20项、第四批服务业重大项目20项、第六批区县重大项目100

项、第五批自主创新产业化重大项目20项、2011年重大市政交通项目20项，总投资2542亿元。

同日 天津海河教育园区一期工程完工。中德职业技术学院等7所职业院校整体搬迁启动。

2月21日 中共天津市委宣传部、天津电视台和中央电视台中国电视剧制作中心、八一电影制片厂联合摄制的50集电视连续剧《解放》，经2010年中国广播电视协会电视制片委员会评选，获优秀电视剧特别奖，该剧编剧获十佳电视剧文学原著奖。

2月25日 天津市召开奋战300天市容环境综合整治动员大会。会议指出，要始终坚持一流标准，充分体现更好的水平，推动城乡面貌发生更显著的变化，群众生活环境得到更显著的改善，生态宜居城市建设取得更显著成效，为经济社会发展提供环境保护。

3月6日 天津市人民政府与教育部签署协议，继续重点共建南开大学、天津大学，积极推进高校科技成果转化，服务滨海新区开发开放。

3月7日 天津市农委系统、市水务局、市中小企业局与蓟县20个村签订社会主义新农村建设对口帮扶协议。

3月18日 天津滨海柜台交易市场股份公司揭牌运营，并与26家金融机构签署合作协议。

4月2日 天津市召开就业工作会议。会议指出，要围绕以下三个问题切实抓好就业工作：一是把促进充分就业作为提高群众收入的重要抓手，进一步满足群众对过上更加美好生活的新期待，让群众充分享受到改革发展的成果；二是培养大批富有创业精神的高技能型年轻劳动者，持续增添城市创新活力，为天津经济社会发展注入源源不断的动力；三是努力构建和谐劳动关系。

5月26日 天津、沈阳、济南、石家庄、呼和浩特、太原、大连、青岛八个城市共同发起的"环渤海区域中小企业发展联盟"在天津成立。

5月27日　中新天津生态城国家动漫产业综合示范园开园仪式举行。

6月10日　第五届中国企业国际融资洽谈会在天津开幕。

同日　天津股权交易所举行企业挂牌仪式。

6月25日　东西部职业教育合作办学仪式在天津市举行。天津市与陕西、甘肃、宁夏、贵州四省区签署合作办学协议，将在联合招生、专业建设、教学研究、干部教师培训、学生实习就业等方面进行全方位合作。

6月26日　2011国际生物经济大会在天津开幕。来自13个国家和地区的1200名代表参加大会。

7月6日　第四届津台投资合作洽谈会在津召开。洽谈会为期5天，以"抓住机遇，深化对接，扩大合作，实现共赢"为主题，以ECFA实施和"十二五"规划起步为契机，进一步深化津台经贸合作。洽谈会期间，举办了大陆台资企业发展研讨会、ECFA实施与深化津台产业对接和服务业合作研讨会、一对一采购商洽谈会及台商投资项目签约仪式等多项活动。

7月18日　天津滨海新区国家863计划产业化伙伴城区试点工作启动大会举行，首批90个国家863计划项目签约。

8月7日　首届全国残疾人健身周暨自强健身工程启动仪式在天津举行。

8月12日　中粮集团天津粮油项目一期工程建成投产。

同日　天津市人民政府与中国铝业公司战略合作框架协议签字仪式举行。根据协议，双方将着力探索资本与产业的有机结合，开拓金融、资源、能源等全面战略合作，充分利用天津的政策、区位和港口交通优势，发挥中铝公司人才、技术、资源、管理等方面的优势，将合作领域逐步延伸到码头、仓储、物流、贸易等领域。

8月31日　天津南港港区开港试通航。

9月1日　新型动力电源高能镍碳超级电容器在天津研制成功并召开新闻发布会。

9月3日　天津东疆保税港区国际商品交易市场正式揭牌，四项展示交易项目同时签约。

同日　第二届天津市与中央企业恳谈交流会召开。119家中央大型企业负责同志与天津方面恳谈交流，共商合作发展大计。

9月15日　首届中国天津国际直升机博览会开幕。中航直升机有限责任公司、滨海新区等分别与合作伙伴签署8项协议。

9月16日　2011中国（天津）演艺产业博览会开幕。

9月19日　中国首个智能电网综合示范工程——中新天津生态城智能电网综合示范工程建成并试运行。

9月21日　商务部正式对外公布2010年国家级开发区投资环境评价结果，天津经济技术开发区的投资环境综合评价总指数继续排名第一，这已经是自商务部开展该项评比以来天津开发区获得的"十四连冠"。

10月18日　天津市人民政府与中国国际贸易促进委员会签署《关于设立天津海事仲裁中心和天津理算及法律服务中心的合作框架协议》。

11月3日至4日　天津市党政代表团到新疆维吾尔自治区和田地区实地考察援疆项目进展情况，看望援疆干部，代表天津市与新疆维吾尔自治区召开进一步推进援疆工作加强合作交流座谈会并签订《会谈纪要》。

11月6日　2011年中国国际矿产大会在天津开幕。

同日 天津矿业权交易所举行国际市场开通仪式，并与蒙古国矿产资源局签署关于矿业领域合作的谅解备忘录。

11月8日 中国最大的信用担保机构——中国投资担保有限公司落户天津并举行开业仪式。

11月20日 《天津市妇女发展规划》和《天津市儿童发展规划》经市委、市政府批准颁布实施。

11月25日 中共天津市委宣传部、市文明办发出通知，在全市开展"天津精神"提炼总结活动。2012年1月，天津精神表述语正式确定为"爱国诚信、务实创新、开放包容"。

12月11日 国家"十一五"863计划"高效能计算机及网络服务环境"重大项目"千万亿次高效能计算机系统研制"课题在国家超级计算天津中心通过验收。

12月18日 天津文化产权交易所和天津文化产业股权投资基金揭牌成立。

12月28日 天津市委召开常委扩大会议，研究实施2012年20项民心工程。

本年 全市常住人口为1354.58万人，全市地区生产总值迈上万亿元台阶，农业总产值为349.43亿元，工业总产值为21523.32亿元，全年地方一般预算收入为1454.87亿元，全社会固定资产投资额为7510.67亿元，城市居民人均可支配收入为26921元，农村居民人均可支配收入增长15.5%。

2012年

1月4日 阳光义工爱心社新春走基层关爱农民工活动举行。

1月5日 天津市人民政府与国家测绘地理信息局签署协议，双方将合作开展数字天津地理空间框架建设及地理国（市）情监测。

1月10日 《天津市公共机构节能办法》施行。

2月2日 天津市"调结构、惠民生、上水平"活动动员大会暨新一批重大项目建设推动会召开。决定继续组织机关干部下基层服务，在全市深入开展"调结构、惠民生、上水平"活动。市和区县、乡镇（街道）三级党政机关4000名干部成立611个服务工作组，深入基层、深入企业、深入项目单位开展为期半年的帮扶活动，切实解决制约企业发展和项目建设的突出问题，切实解决涉及群众切身利益的实际困难，切实解决影响和谐稳定的社会矛盾。集中推出新一批重大项目共160项，总投资2121亿元。

同日 天津市与中国航天科技集团举行签约仪式，载人空间站等超大型航天器项目落户滨海高新区。

2月3日 中国新一代运载火箭天津产业化基地一期建设工程完工。

2月8日 天津市十大水利工程之一的独流减河综合治理工程全面启动。

2月17日 中共中央宣传部、文化部、国家广播电影电视总局、国家新闻出版总署决定对北京、天津等已基本完成中央确定的文化体制改革任务、文化事业和文化产业发展成效明显的17个省（区、市）和148个市（州、盟）予以通报表彰。

2月22日 天津市召开巩固发展奋战900天市容环境综合整治成果动员大会。会议提出，要坚持更高标准，突出改善民生，加大管理力度，推动城乡面貌发生更加显著的变化。

2月24日 天津市举行科学技术奖励大会。2011年，全市共有16项科技成果获得国家科学技术奖，239项科技成果获得天津市科学技术奖。

2月27日 工业和信息化部公布第三批国家新型工业化产业示范基地，天津子牙循环经济产业区资源综合利用产业示范基地、经济技术开发区汽车产业示范基地和电子信息产业示范基地、滨海新区石油化工产业示范基地、空港经济区航天产业示范基地榜上有名。

2月29日 由中国海洋石油气电集团有限公司、天津港（集团）有限公司、天津市燃气集团有限公司共同投资建设运营的浮式LNG接收终端项目落户南疆港。

3月4日 天津市印发《关于广泛深入开展学雷锋活动的实施意见》，对开展学雷锋活动作出全面部署。

3月5日 天津市志愿者学雷锋誓师大会暨天津市"学雷锋、关爱他人、关爱社会、关爱自然"志愿服务活动启动仪式举行。

3月7日 天津市与教育部签署战略合作协议，共建天津职业技术师范大学。

同日 天津市与农业部签署合作备忘录，进一步促进农业科技创新，加快转变农业发展方式，共同推进都市型现代农业发展。

3月15日 天津市国际生物医药联合研究院亚太生物信号研究中心成立。

3月21日 天津市召开深入开展保持党的纯洁性教育动员会。

同日 天津市出台促进经济发展25条措施。措施立足调整优化经济结构、促进经济平稳较快发展，加大了对大项目、小巨人、楼宇经济、节能环保、"三区"联动发展等的支持力度。

3月22日 天津市打好文化大发展大繁荣攻坚战指挥部召开会议，推出打好文化大发展大繁荣攻坚战第三批60个重点项目，总投资约213.5亿元。

4月3日 中沙（天津）石化有限公司年产26万吨聚碳酸酯项目开工奠基仪式举行。

4月5日 国家开发银行与天津市人民政府举行开发性金融高层联席会议。国开行天津分行与天津钢管集团股份有限公司、天津力神电池股份有限公司签署了《开发性金融合作协议暨贷款合同》。

4月13日 我国应急交通运输领域首个国家级科技平台——国家应急交通运输装备工程技术研究中心在军事交通学院成立。

5月2日 天津健康产业园区开工建设。

5月11日 中国·天津第十九届投资贸易洽谈会暨PECC国际贸易投资博览会在天津开幕。本届展会的主题是"展示天津，搭建平台，扩大交流"，主展馆设在梅江会展中心。共有26个国家和地区、国内18个省区市组成60多个团组、8500多家企业参展参会。

5月12日 全国纳米生物与医药技术高峰论坛暨天津市生物医学工程学会召开年会。

5月17日 天津市人民政府与工业和信息化部"共同推进战略性新兴产业发展，促进天津工业转型升级战略合作框架协议"签约仪式举行。

5月22日至26日 中国共产党天津市第十次代表大会召开。大会的主题是，高举中国特色社会主义伟大旗帜，以邓小平理论和"三个代表"重要思想为指导，深入贯彻科学发展观，进一步加快滨海新区开发开放，为把天津建设成为国际港口城市、北方经济中心和生态城市而奋斗。

5月29日 天津市召开《天津市控制吸烟条例》实施誓师大会暨世界无烟日主题大会。

6月27日 茱莉亚天津学院项目合作框架协议签约仪式举行。

6月28日 由哥斯达黎加、厄瓜多尔、秘鲁、玻利维亚、阿根廷、哥伦比亚、乌拉圭等拉美国家驻华大使、公使及官员组成的拉美国家驻华使馆代表团，来津出席天津-拉美地区贸易和投资机遇推介会及相关活动。

同日 全国创先争优表彰大会在京召开，天津市20个基层党组织、2名党员、2个区委受到表彰。

6月29日 天津市纪念建党91周年暨创先争优表彰会举行。会议宣布《中共天津市委关于表彰天津市创先争优先进基层党组织和优秀共产党员的决定》。

7月3日 天津市举行见义勇为人员表彰大会暨第九届"津城百姓英雄"颁奖仪式。会上，对8名见义勇为模范、45名见义勇为先进个人、14个见义勇为先进群体和获得第九届"津城百姓英雄"称号及提名奖的见义勇为个人和群体进行了表彰。

7月4日 第三届中国-西亚北非中小企业合作论坛在天津开幕。

7月8日 国家重点防洪工程——永定新河治理一期工程通过竣工验收。

7月17日 4架完成总装生产的AC312直升机从中航直升机天津产业基地启运，经天津滨海国际机场启动空运出港，交付海外用户。这是该基地首次向海外用户批量交付直升机，标志着中航直升机天津产业基地已进入批量总装、交付运营阶段。

8月5日至7日 甘肃省党政代表团访津。在津期间，两省市举行合作交流座谈会，签署新阶段东西扶贫协作和深化合作框架协议。

9月7日 载人空间站等超大型航天器总装测试试验中心在天津市滨海新区开工建设。

9月8日至18日 第九届全国大学生运动会在天津举行，来自各省区市、新疆生产建设兵团和香港、澳门特别行政区的34个代表团的6196名运动员、教练员，以及1196名裁判员参加了运动会。

9月18日 中共中央总书记、国家主席、中央军委主席胡锦涛在天津出席发展中国家科学院第12次学术大会暨第23届院士大会开幕式后，到天津一些高新技术企业，就实施创新驱动发展战略进行调查研究，同干部群众共商加快转变经济发展方式、保持经济平稳较快发展大计，勉励大家同心协力、奋发进取，以优异成绩迎接党的十八大胜利召开。

9月18日至21日 发展中国家科学院第12次学术大会暨第23届院士大会在天津召开。本次大会以"科学与可持续发展"为主题，吸引来自69个国家和地区的400余位著名科学家参与，国家主席胡锦涛出席开幕式并致辞。

10月16日 天津市人民政府与中国民用航空局举行《加快推进天津民航发展会谈纪要》签字仪式。

11月19日 中共天津市委召开常委会扩大会议和全市领导干部会议，传达学习宣传党的十八大精神和习近平总书记在党的十八届一中全会上的讲话精神。

11月23日 中共天津市委召开常委会会议。会议要求，切实把学习贯彻党的十八大精神作为当前的首要政治任务，要把学习贯彻党的十八大精神与抓好当前改革发展稳定工作紧密结合起来，为做好明年工作打下坚实基础。

12月1日 天津市"营改增"试点正式启动。第一张现代物流业增值税专用发票在天津港开出，标志着天津市交通运输业和部分现代服务业营业税改增值税试点正式上线启动。天津市纳入"营改增"试点纳税人51255户，其中一般纳税人2571户，小规模纳税人48684户。

12月13日 中共天津市委召开常委会扩大会议。会议传达习近平总书记重要讲话和中央八项规定精神，要求市级领导干部要从自身做起，带头严格遵守中央八项规定；各区县、各部门要逐条对照中央规定抓紧制定实在管用、切实可行的具体措施，并认真落实；有关部门要加强督促检查，建立长效机制，切实把贯彻执行有关规定作为改进党风政风的经常性工作抓紧抓好，确保取得实效，真正取信于民。

12月25日 中共天津市委办公厅、市人民政府办公厅印发《关于贯彻落实〈十八届中央政治局关于改进工作作风、密切联系群众的八项规定〉的办法》。《办法》对进一步改进调查研究、精简会议活动和文件简报、规范出访活动、改进新闻报道、加强督促检查等方面做出具体规定。

本年 全市有常住人口1378.00万人，地区生产总值为9043.02亿元，农业总产值为375.60亿元，工业总产值为24017.18亿元，全市地方一般公共预算收入为1760.02亿元，城镇居民家庭人均可支配收入为26586元，农村居民家庭人均可支配收入为13593元。

2013年

1月7日　东疆保税港区获批国家进口贸易促进创新示范区。

1月8日　《天津市固体废物污染防治"十二五"规划》实施。

1月9日　中共天津市委理论学习中心组进行集体学习，传达学习习近平总书记在新进中央委员、中央候补委员学习贯彻党的十八大精神研讨班开班式上的重要讲话和在广东考察工作时的重要讲话。

1月10日　商务部公布国家级经济技术开发区综合发展水平评价结果，在参评的90个国家级开发区中，天津开发区的综合发展水平总指数排名第一。这是天津开发区自商务部开展此项评比以来获得的"十五连冠"。

1月11日　天津市人民政府第102次常务会议批准新增示范小城镇试点，研究了示范工业园区拓展区建设、安全生产工作等，审议并原则通过《天津市应对气候变化和低碳经济发展"十二五"规划》等。

1月13日　国内首座整体煤气化联合循环电站——华能天津IGCC示范电站在滨海新区临港经济区投产发电。

1月15日　《天津市海上搜救应急能力建设专项规划》颁布实施，成为我国首部省级应急能力建设专项规划。

1月16日　天津市召开2013年20项民心工程动员部署会。会议强调，要多谋民生之利，多解民生之忧，让群众过上更加幸福美好的生活。

1月18日　国内首个国家级经济广播数字转化基地——中国经济广播节目全媒体数字转化基地签约落户滨海新区。

1月21日　中共天津市委召开常委会会议，传达学习习近平总书记关于厉行勤俭节约，反对铺张浪费重要批示精神。会议强调，要坚持从实际出发，迅速采取针对性、操作性、指导性强的措施，从现在做起，从具体事情抓起，严格落实各项节约措施，严格执行公务接待制度。

1月24日　中共天津市委召开常委会会议，传达学习十八届中央纪委第二次全体会议和习近平总书记重要讲话精神。会议强调，要深刻认识，牢牢把握深入推进党风廉政建设和反腐败斗争的重大意义，坚持党要管党，从严治党，对反腐倡廉工作要经常抓，长期抓，更加科学有效地防治腐败，做到干部清正，政府清廉，政治清明。

1月29日　水利部和天津市人民政府联合批复《天津市加快实施最严格水资源管理制度试点方案》，标志着天津市实行最严格水资源管理制度试点工作全面启动。

同日　天津市国际航行船舶进出口岸电子查验系统正式开通，标志着天津市口岸成为我国第一个实现国际航行船舶进出口岸电子查验的便利化口岸。

2月8日　天津市环境空气质量GIS发布平台上线运行，实时发布环境空气质量监测数据。

3月12日　天津市建成覆盖全市的空气质量监测网络，开展空气质量监测和评价工作。

3月23日　《北京市天津市关于加强经济与社会发展合作协议》签约仪式在天津举行。

4月15日　中国制造业领域在美国最大投资项目，天津钢管集团股份有限公司在美国投资10亿美元建设的无缝钢管项目一期主厂房封顶。该项目于2011年8月动工，拟建设一条全流程生产线。

5月6日 天津市召开深化平安天津法治天津建设工作推动会。会议要求，深化平安天津、法治天津建设，为保持经济社会持续健康发展创造稳定环境，提供法治保障。

5月13日 天津市生态城市建设未来三年规划出台并正式实施。

5月14日至15日 中共中央总书记、国家主席、中央军委主席习近平在天津考察。考察期间，习近平听取了天津市委和市政府工作汇报，对天津近年来的工作给予充分肯定，提出要着力提高发展质量和效益、着力保障和改善民生、着力加强和改善党的领导，加快打造美丽天津的"三个着力"重要要求。习近平指出，加强和改善党的领导，是实现经济社会持续健康发展的根本保障。各级党委要改进领导经济工作的方式方法，善于为经济工作把握方向、谋划全局、提出战略、制定政策、推动立法、营造环境；要坚持从大局出发、从党和人民利益出发、从党性原则出发进行决策，努力提高决策能力和水平；要充分发挥党的政治优势，全面做细、做实、做好群众工作，充分激发人民群众的积极性、主动性、创造性。

5月15日 天津市第5家国家级经济技术开发区——北辰经济技术开发区挂牌。

5月15日至16日 中共天津市委先后召开常委会扩大会议和全市领导干部会议，传达学习贯彻习近平总书记在天津考察工作时的重要讲话。会议强调，学习好、宣传好、贯彻好习近平总书记重要讲话精神是全市当前和今后一个时期的头等重大任务。要把学习贯彻总书记重要讲话精神与学习贯彻党的十八大精神结合起来，与学习贯彻总书记的一系列重要讲话结合起来，深刻领会精神实质，按照总书记的重要要求，紧紧围绕实现中央对天津的定位，牢牢把握科学发展这个主题、加快转变经济发展方式这条主线，进一步完善发展的思路举措、目标任务，推动经济社会持续健康发展，在建设国际港口城市、北方经济中心和生态城市上不断迈出新步伐。

5月 《天津东疆保税港区国际船舶登记制度创新试点方案》正式获交通运输部批复同意，标志着天津市在全国率先实施国际船舶登记制度。

6月1日 天津市专用汽车产业技术创新战略联盟成立。

6月6日 由天津市人民政府与全国工商联、科技部、美国企业成长协会联合举办的第七届中国企业国际融资洽谈会——科技国际融资洽谈会开幕。来自30多个国家、地区的2600多家机构参加了120余场活动，实现初步意向融资额356亿元。

6月25日 由科技部、天津市人民政府等共同举办的"2013年国际生物经济大会"在天津开幕。

7月3日 天津市党的群众路线教育实践活动动员会召开。会议强调，要深刻认识开展教育实践活动的重大意义，把思想和行动高度统一到习近平总书记的重要讲话精神上来，全面贯彻落实中央的部署要求，高标准开展教育实践活动，以改进作风的实际成效取信于民，以优良作风凝聚全市人民力量，把天津工作提高到一个新水平。

8月1日至2日 中共天津市委召开十届三次全体会议。全会审议通过《中共天津市委关于深入贯彻落实习近平总书记在津考察重要讲话精神加快建设美丽天津的决定》和《中国共产党天津市第十届委员会第三次全体会议决议》。

8月14日 中共天津市委召开常委会会议，传达学习习近平总书记在河北省调研指导党的群众路线教育实践活动时的重要讲话精神。会议强调，聚焦"四风"边学边查边改，确保活动取得实实在在的成效。

8月20日 天津市召开贯彻落实市委、市政府《关于全面推进绩效管理工作的意见》工作会议。

9月5日 第二届中国天津国际直升机博览会开幕。

9月16日 天津市人民政府与国家开发银行加快推进美丽天津建设战略合作备忘录和美丽天津建设系统性融资规划合作协议签约仪式举行。

9月27日 中共天津市委召开常委会会议，传达学习习近平总书记在河北省参加省委常委班子党的群众路线教育实践活动专题民主生活会时的重要讲话精神。

10月6日至15日 第六届东亚运动会在天津举办。

10月11日 首届津台企业家投资恳谈会在天津举行。

10月11日至12日 中共天津市委常委会召开党的群众路线教育实践活动专题民主生活会。

10月15日 中共天津市委召开常委会会议，传达学习习近平总书记会见第四届全国道德模范及提名奖获得者时的重要讲话和第四届全国道德模范座谈会精神。

10月17日 天津市召开"美丽天津·一号工程"建设动员部署会议。市委、市政府决定实施清新空气、清水河道、清洁村庄、清洁社区、绿化美化"四清一绿"行动，下大力量解决当前环境污染方面的突出问题，明显改善全市生态环境和群众生产生活条件，建设美丽天津。

10月22日至28日 国家教育督导检查组对天津市义务教育均衡发展进行督导检查。天津市滨海新区、河北区、河东区、红桥区、西青区、津南区、北辰区、武清区、蓟县、静海县、宁河县11个区县，通过国家教育督导检查组对"义务教育发展基本均衡县"的评估认定。在完成评估认定的15个省市中，天津市的通过率居首位。

10月31日 中共天津市委召开常委会会议，传达学习习近平总书记在中央政治局常委会议上关于化解产能过剩的重要讲话精神。

11月1日　中共天津市委召开常委会会议，传达学习习近平总书记对坚持和发展"枫桥经验"重要批示和纪念毛泽东同志批示"枫桥经验"50周年大会重要精神。

11月2日　天津市发布实施《天津市重污染天气应急预案》。

11月3日　由国土资源部、天津市人民政府、中国矿业联合会共同主办的"2013中国国际矿业大会"在天津开幕。

12月1日　津秦高铁开通运营。

12月6日　天津市召开民营经济发展工作会议。会议就进一步加快民营经济发展提出五点要求：一要坚持"两个都是、两个重要"，切实解决思想观念问题；二要发挥市场决定资源配置作用，切实解决公平竞争问题；三要进一步转变政府职能，切实解决管理服务能力现代化问题；四要不断增强核心竞争力，切实解决民营经济不大不强问题；五要加强党对民营经济发展的领导，切实解决体制机制问题。

12月25日　天津港复式航道试通航，这是我国第一条人工开挖的可通航30万吨级大型油轮的复式航道。

12月26日　天津市碳排放权交易启动。

12月28日　2013年中国最具幸福感城市调查推选活动评选结果揭晓。天津荣获"2013中国最具幸福感城市"和"2013中国形象最佳城市"大奖。

本年　全市有常住人口1410.00万人，全市地区生产总值为9945.44亿元，农业总产值为412.36亿元，工业总产值为27169.14亿元，全市地方一般公共预算收入为2079.07亿元，全社会固定资产投资额为10121.20亿元，全市居民家庭人均可支配收入为26359元。

2014年

1月1日 《天津市居住证管理暂行办法》试行。新制度实行"居住证+积分入户+员额总量"原则，即以居住证制度管理外来常住人口，以员额总量控制年度落户人口总量。

1月3日 中共天津市委常委会会议召开。会议研究部署实施2014年20项民心工程。会议强调，要用改革的思路、举措、办法推进20项民心工程，充分发挥市场配置资源的决定性作用。

1月8日 天津市印发并实施《天津市党政机关公务接待费管理办法》，就公务接待审批和开支标准、预算管理和费用核销、公开和报告制度、监督检查和责任追究作出明确规定。

1月11日 天津市召开农村工作会议。会议就推动农村改革发展作出部署：一要大力发展现代都市农业，二要深化农村重点领域改革，三要不断提高农民收入水平，四要加快美丽乡村建设

1月18日 天津市人民政府新闻办公室召开新闻发布会，由市统计局发布2013年天津市经济运行情况。2013年全市生产总值达14370.16亿元，按可比价格计算，同比增长12.5%，第三产业比重达48.1%，财政支出75%以上用于民生。

1月28日 天津市召开结对帮扶困难村工作座谈会，深入贯彻中央农村工作会议精神，认真落实市委重要要求和全市农村工作会议精神，总结交流帮扶工作经验，深入研究进一步推动帮扶工作顺利开展。

2月8日　天津市召开促发展惠民生上水平活动暨万企转型升级动员会。会议强调，要进一步转观念、转职能、转模式、转作风，推动万企转型升级提高发展质量效益。天津市实施《万企转型升级行动计划（2014—2016年）》，确保3年时间实现1.2万家中小企业转型升级。

2月14日　天津市十六届人大常委会第八次会议表决通过了关于修改《天津市人口和计划生育条例》的决定。该条例自通过之日起正式实施，标志着国家单独两孩政策在天津市正式落地。

2月18日　北辰经济技术开发区装备制造、滨海高新区软件园软件和信息服务产业示范基地获批为国家新型工业化产业示范基地。至此，天津市国家新型工业化产业示范基地累计达8家。

2月19日　天津市首个地面光伏发电项目在滨海新区中新天津生态城并网发电，该项目总投资3亿元，可以不间断运营20年以上，每年可发出约1110万千瓦时清洁电力。

2月20日　天津市在国内率先制定、发布中药配方颗粒质量标准，对临床上常用的100个品种配方颗粒建立全面、严格的标准。

2月26日　经国务院批准，天津东丽经济开发区升级为国家级经济技术开发区，定名为东丽经济技术开发区，实行现行国家级经济技术开发区政策。至此，天津市国家级经济技术开发区已达6个。

2月27日　中共天津市委召开常委会扩大会议，传达学习习近平总书记在京津冀协同发展座谈会上的重要讲话精神。会议强调，要按照习近平总书记重要要求，在推动京津冀协同发展和京津联动发展中，立足比较优势，立足现代产业分工要求，立足区域优势互补原则，立足合作共赢理念，着力加强顶层设计。

3月5日　中共天津市委宣传部、市文明办、市民政局、市总工会、市团委、市妇联、河西区委共同举办"践行社会主义核心价值观，共建美丽天津"学雷锋志愿服务主题活动。

3月21日 天津市召开深化国资国企改革推动会。会议确定了2014年国资国企改革重点任务。以股权多元化改革为突破口，发展混合所有制经济。全年完成百户企业股份制改革，2至4户企业上市或增发。以企业组织结构调整带动产业和布局结构联动调整。重点完成5个重组项目，150户低效企业退出。推进创新人才工程，滚动培养创新拔尖人才梯队。确保全年资产总额同比增长12%，营收同比增长12%，利润同比增长10%以上。

3月26日 中共天津市委召开常委会扩大会议，传达学习贯彻习近平总书记在调研指导兰考县党的群众路线教育实践活动时的重要讲话。会议强调，大力学习弘扬焦裕禄精神，扎实推进第二批教育实践活动。

3月31日 天津市滨海新区军民融合创新研究院揭牌仪式和国产微处理器项目合作框架协议签约仪式举行。滨海新区军民融合创新研究院以建设国家级军民融合科技创新示范区为目标，以加快培育战略性新兴产业为方向，创新体制机制，借鉴现代企业管理制度和经验，努力形成一流的高端技术研发和产业聚集区。

4月21日 中共天津市委召开推进海洋经济发展专题会议。会议强调，抓住国家海洋经济科学发展示范区机遇，加快建设海洋强市。会议指出，海洋经济是天津发展的优势和潜力所在。提出建设海洋强市的三个着力点：一是构筑现代海洋产业体系，二是加快海洋科技创新，三是加强海洋环境保护。

同日 天津市—西藏昌都地区援藏工作座谈会在天津召开。双方就对口支援工作进行了交流。

5月5日 天津市人民政府颁布施行《天津市行政许可管理办法》。

5月8日 天津市召开加快现代服务业发展工作会议。会议指出，加快建设与现代化大都市地位相适应的服务经济体系。提出发展目标是，到2016年，全市服务业增加值占生产总值比重超过50%，服务业从业人员占全社会从业人员比重达到53%；到2020年，服务业比重超过55%，从业人员比重超过55%。

5月9日 天津市精神文明建设委员会召开培育和践行社会主义核心价值观推动会，深入学习习近平总书记重要讲话精神，贯彻落实中央部署和市委要求，进一步推动培育和践行社会主义核心价值观工作扎实有效开展。

同日 天津市发布《现代服务业重点产业三年行动计划汇编（2014—2016年）》，大力发展金融、现代物流、电子商务、商贸、科技、信息、文化、旅游、养老九大重点产业。

5月9日至13日 2014中国·天津投资贸易洽谈会暨PECC国际贸易投资博览会在津举办。天津企业收获55个项目，签约额达314亿元。

5月13日 天津市人民政府与国家外专局共同签署《关于引进国外智力共建美丽天津合作协议》。力争到2018年在推动产业结构调整、防治污染、保护生态等重点领域实施引智项目500个，引进国外高端专家1000人次。

5月15日 海关总署出台《京津冀海关区域通关一体化改革方案》，明确海关通关改革落实京津冀协同发展重大国家战略的时间表和路线图，提出京津冀将实现通关一体化。

5月20日 天津市滨海新区行政审批局成立。这是天津市加快转变政府职能，深化行政审批改革的标志性成果，实现体制创新，实现一个窗口流转，一枚印章管审批。

5月22日 中共天津市委召开常委扩大会议，传达学习习近平总书记在参加兰考县委常委班子专题民主生活会时的重要讲话。会议强调，要经常抓、深入抓、持久抓作风建设，巩固和扩大教育实践活动成果。

5月26日 天津市印发《关于加快现代服务业发展的若干意见》。

6月18日至20日 第八届中国生物产业大会在天津举办。大会以"利民惠民、发展生物产业"为主题，设置了高层论坛、干细胞研究应用与产业化发展等7个大会论坛，以及战略性新兴产业与生物基纤维材料高峰论坛等3个专题研讨会，并组织海外生物医药高层次人才和重点项目对接洽谈会、科研成果产业化对接会等配套活动。大会参展商200余家，约800人出席开幕式及高层论坛。

6月19日 百强企业走进天津推动京津冀协同发展恳谈会在天津举行。相关企业与天津市围绕落实重大国家战略、推动京津冀协同发展共商合作。

7月1日 天津、北京海关启动实施京津冀海关区域通关一体化改革，实施一体化通关后，三地海关都可以放行所在地区企业在这些口岸的进出境货物。

7月28日 天津市发布《天津市海洋生态红线区报告》，划定天津海洋生态红线区，禁止对重点保护区进行一切开发。

7月30日 天津市市场和质量监督管理委员会挂牌。标志着天津市在全国率先建立省级大市场大部门监管新体制，对食品药品特种设备等领域实现一个部门全程监管，是推进市场治理体系和治理能力现代化的重大举措。

8月11日 天津市出台《天津市百户民营大企业大集团培育发展行动方案》，明确18条扶持政策和6项保障措施。

8月16日 天津银监局正式批复天津滨海扬子村镇银行开业。这是天津市获批开业的第13家村镇银行，标志着天津市在全国率先实现涉农区县村镇银行全覆盖，也标志着天津市实施村镇银行"本土化、民营化、专业化"改组设立工作顺利完成。

8月24日　河北省党政代表团来津考察，两省市召开工作交流座谈会，进一步深化合作，共同推进京津冀协同发展。两省市就落实重大国家战略，深化重点领域合作签署《加强生态环境建设合作框架协议》等4项协议和1个备忘录。

8月25日至26日　天津市党政代表团赴新疆维吾尔自治区学习考察，两区市召开对口支援工作座谈会，贯彻落实习近平总书记重要讲话精神和第二次中央新疆工作座谈会部署，进一步加强和推进对口支援工作。

9月1日　《天津市永久性保护生态区域管理规定》施行，天津市永久性保护生态区域得到有效保护、管理和监督。

同日　《天津市城乡居民大病保险办法》施行，大病保险待遇按照"分段计算、累加给付"的原则确定。

9月3日　天津市启动科技型中小企业信用贷款风险补偿金机制，将风险补偿前置，鼓励银行加大对科技型中小企业的支持力度，进一步缓解融资难问题。

9月9日　"2014中国·天津国际友好城市圆桌会"在天津召开。会议以"大城市的发展与调整"为主题，围绕共同关注的人口、交通、环境、资源等问题展开探讨，共同致力于加强城市环境保护，推进可持续发展，实现互利共赢。

9月12日　中共天津市委召开常委会扩大会议，传达学习习近平总书记在听取兰考县委和河南省委党的群众路线教育实践活动情况汇报时的重要讲话精神。

9月19日　天津市京津冀协同发展领导小组召开第一次会议。

10月4日　天津港口岸新一轮对外开放计划获国务院批准。天津港口岸开放水域从470平方千米扩大到1590平方千米，码头岸线总长从78.9千米扩大到148千米，新建码头泊位从75个增至146个。

10月7日 天津市成为"中国社会福利基金会长寿基金"首批试点城市。该基金是公墓性专项基金，主要为老年健康长寿事业提供资金支持，发展长寿文化和长寿经济。

10月9日 中共天津市委召开常委会会议，学习习近平总书记在党的群众路线教育实践活动总结大会上的重要讲话精神。会议强调，要切实用讲话精神统一思想和行动，在党言党、在党忧党、在党为党，把作风建设不断引向深入。会议强调，要着重抓好六项工作：一是迅速传达学习，二是切实落实从严治党责任，三是精心抓好教育实践活动总结，四是持续用力深入抓整改落实，五是继续抓好基层党组织建设，六是坚持不懈强化制度建设。

10月16日 天津市召开服务群众联系社区推动会暨经验交流会。会议指出，要以改革为引领，以服务群众为出发点落脚点，加强创新社区治理，提升服务管理水平。

11月4日 大众汽车自动变速器工厂在津投产。该项目带动大众汽车与天津市产业合作，与大众汽车深化合作，推动天津市以开发区为核心的汽车产业聚集升级，相关产业链更加完善。

11月11日 中共天津市委召开常委会会议，传达学习深化平安中国建设会议精神。会议强调，要认真贯彻落实习近平总书记的批示精神，自觉用中央精神统一思想和行动，坚持以法治思维和法治方式推进平安建设，全面提高平安建设法治化和现代化水平。

同日 天津市召开加快发展现代都市型农业促进农民增收工作会议，制定出台《关于加快发展现代都市型农业促进农民增收的意见》和《关于支持500个困难村发展经济的实施方案》，加快发展现代都市型农业和农民增收致富。

12月27日　南水北调中线一期工程天津段正式通水，天津市民喝上了长江水。

12月29日　天津市出台《天津市人民政府关于实施百万技能人才培训福利计划的意见》，于2015年1月1日起施行。

12月　国务院正式批复同意天津建设国家自主创新示范区，推进科技创新、成果转化、创新创业等诸多先行先试政策在天津国家自主创新示范区推广实施。

本年　全市有常住人口1429.00万人，全市地区生产总值为10640.62亿元，农业总产值为441.69亿元，工业总产值为30055.12亿元，全市一般公共预算收入为2390.35亿元，全社会固定资产投资额为11654.09亿元，全市居民家庭人均可支配收入为28832元。

2015 年

1月4日 天津市人民政府与阿里巴巴集团举行战略合作框架协议签字仪式。

1月8日 2014年度国家科学技术奖励大会在北京举行，天津市共有17项科技成果获奖。其中，自然科学奖1项、技术发明奖3项、科技进步奖13项。

1月12日 天津市促发展、惠民生、上水平活动暨2015年20项民心工程动员会召开。会议强调，开展"促惠上"活动和实施20项民心工程是2015年市委、市政府的重点工作，是巩固和拓展群众路线教育实践活动成果的重要载体。

1月16日 波士顿电池项目签约仪式在天津举行。该项目投资建设总产能达8G瓦时的新能源电动汽车动力电池项目，将带动轮毂电机、电池隔膜、电池材料、电机电控项目聚集。

1月18日 国内首座高震区水下沉管隧道——滨海新区中央大道海河隧道全面建成。海河隧道连接海河北岸于家堡金融区和南岸西沽地区，全长4.2千米，为双向六车道。

1月20日 天津市人民政府印发《天津国家自主创新示范区"一区二十一园"规划方案》，全面落实天津国家自主创新示范区建设的各项任务，加快推进"一区二十一园"建设。

同日 恒天新能源汽车总部项目签约仪式在津举行。根据协议，恒天集团有限公司将在滨海高新区投资10亿元设立新能源汽车总部，建设新能源汽车整车研发、生产、销售基地。

1月21日 天津市下发《关于减免养老和医疗机构行政事业性收费的通知》，确定于2015年1月1日起，对非营利性养老和医疗机构建设全额免征行政事业收费，对营利性养老和医疗机构建设减半收取行政事业性收费，同时明确了收费项目、办理等事项。

2月1日 《天津市养老服务促进条例》正式实施。

2月2日 天津市印发《关于加快我市融资租赁业发展的实施意见》，促进融资租赁业持续稳定健康发展。

2月4日 天津市召开促发展惠民生上水平活动现场推动会。以"助小微、促创新、促创业"为主题，着力破解中小微企业融资难、融资贵问题，各区县和企业机构交流通报工作进展情况，研究部署下一阶段工作。

2月20日 天津市推进"现代物流业发展三年行动计划"，提出天津将打造我国北方国际物流新平台，建成"一带一路"的北方桥头堡和京津冀城市群国际物流网络的战略核心。

2月25日 中国（天津）自由贸易试验区推进工作领导小组召开第一次会议，强调要把制度创新贯穿自贸区建设全过程，更好地为国家试制度，为地方谋发展。

2月26日 天津市召开国家自主创新示范区建设动员会暨科学技术奖励大会。会议强调，要坚定不移深入实施创新驱动发展战略，努力把自主创新示范区打造成为天津市经济发展、科技创新的重要引擎。

同日 天津国家自主创新示范区挂牌仪式在滨海高新区举行。同日还举办了天津国家自主创新示范区高端论坛，集思广益，为天津国家自主创新示范区建设提供经验和借鉴。

2月28日 第四届全国文明城区、文明村镇、文明单位和未成年人思想道德建设工作先进评选结果揭晓。天津市河西区当选第四届全国文明城区，和平区继续保持全国文明城区荣誉称号。武清区泗村店镇等17个村镇、天津8890家庭服务网络中心等75个单位分别荣获第四届全国文明村镇、全国文明单位荣誉称号。滨海新区荣获第四届全国未成年人思想道德建设工作先进城区荣誉称号。

3月1日　《天津市大气污染防治条例》开始实施。

3月20日　天津、陕西对口协作正式启动，向陕西提供的首期2.1亿元资金支持的50多个重点项目在陕南水源区全部启动。

4月1日　《天津市津河等河道管理办法》正式施行，为加强津河等河道管理，巩固河道改造成果，保证河道设施完好，保持畅、洁、绿、美的河道景观，发挥河道排沥功能，提供有力的法律支撑。

4月21日　中国（天津）自由贸易试验区挂牌仪式在天津自贸试验区管委会举行，我国北方第一个自由贸易试验区正式运行。第一批入驻天津自由贸易试验区的26家金融机构获颁金融许可证。天津自贸试验区规划面积119.9平方千米，涵盖三个片区：天津港东疆港片区、天津机场片区和滨海新区中心商务区。

4月29日　福耀汽车玻璃天津生产基地项目签约仪式举行。根据协议，福耀集团将在西青区投资建设全车套汽车玻璃研发生产基地，项目建成后将进一步完善天津市汽车产业链，填补汽车关键部件空白。

4月30日　天津市人民政府与深圳腾讯计算机系统有限公司《战略合作框架协议》签约仪式在津举行。根据协议，双方将依托腾讯丰富的数据基础，成熟的云计算能力和微信、QQ等社交平台产品，整合各自优势资源，开展全方位、深层次战略合作。

5月13日　中共天津市委全面深化改革领导小组召开第八次会议，学习中央全面深化改革领导小组第十二次会议精神，研究部署重点改革任务。会议听取了国家有关部委《关于在部分区域系统推进全面创新改革试验的总体方案》的主要内容和相关情况的汇报，听取了《中国（天津）自由贸易试验区制度创新清单（第一批）》制定情况的汇报等。

5月18日 海关总署出台《海关总署关于支持和促进中国（天津）自由贸易试验区建设发展的若干措施》，包括创新海关监管制度、拓展特殊监管区域功能、支持新兴贸易业态发展、支持优势产业发展等。

5月19日 天津市"三严三实"专题教育正式启动。

5月26日 天津市党政代表团赴北京市学习考察，认真贯彻落实京津冀协同发展重大战略部署，学习北京市经济社会发展和改革创新经验做法，深化两市交流合作，进一步推进京津双城联动发展。

5月28日 国家体育总局与天津市政府举行协同推进"全运惠民工程"协议的签字仪式。

6月17日 天津市党政代表团赴河北省学习考察，深入贯彻落实京津冀协同发展重大国家战略，认真学习借鉴改革发展先进经验做法，进一步加强各领域交流合作，促进京津冀共同发展。

同日 由天津市人民政府、全国工商联、科技部和美国企业成长协会联合举办的第九届中国企业国际融资洽谈会——科技国际融资洽谈会开幕。超500家国内外投资基金、100多家各类金融机构、300多家中介机构、近千家优秀企业前来参会交流，参会总人数近5000人。

6月24日 天津市人民政府与中国人寿保险（集团）公司签署全面战略合作协议。根据协议，中国人寿将把天津作为战略发展的重点地区，双方将围绕金融改革创新展开全面合作，在保险业务、债权投资、股权投资、投资基金、健康养老、不动产、医疗服务机构、互联网等新兴领域进行深入合作。

同日　《天津市推进智慧城市建设行动计划（2015—2017年）》出台。

7月2日　《天津市关于加快高新技术企业发展的实施意见》出台。

7月6日　中共天津市委召开"三严三实"专题教育区县委书记座谈会，学习贯彻习近平总书记会见全国优秀县委书记时的重要讲话精神，听取各区县开展"三严三实"专题教育进展情况汇报，推动专题教育深入扎实开展。会议强调，深入扎实开展"三严三实"专题教育，要在四个方面下功夫：①深刻理解"三严三实"的丰富内涵，学习实践好"三严三实"重要要求，防止学习教育流于表面；②突出问题导向，深入查摆整改"不严不实"问题，切实增强针对性，防止"空"和"虚"；③完善方式方法，从严从实抓好每个关键动作，防止走过场；④坚持"两手抓"，推动专题教育与经济社会发展相互促进，防止"两张皮"。

7月7日　天津市召开加快发展现代都市型农业和支持500个困难村发展经济工作推动会，强调要抓好"一村一策"经济发展方案落实，千方百计帮助农民增加收入。

7月13日至14日　中共天津市委十届七次全体会议召开。全会深入学习贯彻习近平总书记关于京津冀协同发展重要讲话精神，认真落实《京津冀协同发展规划纲要》，审议通过《天津市贯彻落实〈京津冀协同发展规划纲要〉实施方案》和全会决议。

9月16日　天津市召开农村基层党建暨结对帮扶困难村工作电视电话会议，深入学习贯彻习近平总书记重要指示精神，全面落实全国农村基层党建工作座谈会精神，部署全市农村基层党建和结对帮扶困难村工作。会议宣布中共天津市委组织部《关于表彰结对帮扶困难村工作先进帮扶单位、先进乡镇（街道）、优秀驻村工作组、优秀技术帮扶组和优秀驻村干部、优秀技术帮扶工作者的决定》。

9月18日 国家开发银行开发性金融支持京津冀协同发展座谈会在津举行，京津冀三地政府与国开行共同签署《开发性金融支持京津冀协同发展合作备忘录》。

9月22日 天津市人民政府与中国农业发展银行签署落实《京津冀协同发展规划纲要》战略合作协议。根据协议，双方将本着"相互支持、互惠互利、共同发展、合作共赢"的原则，在新型城镇化、水利建设、农村路网建设、生态环境及人居环境建设、农业综合开发、农村流通体系建设等领域进行深入合作。

同日 《2015—2017年棚户区改造配套基础设施工程建设三年计划》编制工作完成。

9月23日 根据《国务院关于同意天津市调整部分行政区划的批复》，天津市委、市政府决定，撤销静海县、宁河县，设立静海区、宁河区，原行政区域和政府所在地不变。

10月3日 天津市出台《贯彻市委十届七次全会精神推进京津冀现代农业协同发展的实施意见》，提出天津市要加快建设菜篮子产品供给区、农业高新技术产业示范区和农产品物流中心区，实现优质农产品供应保障能力、农业科技水平、生态支撑能力和农民生活水平的显著提升。

10月30日 中共天津市委常委会扩大会议召开。会议传达学习贯彻党的十八届五中全会精神。会议就贯彻落实好五中全会精神作出部署，一要迅速兴起学习贯彻热潮，二要制定完善好天津市"十三五"规划，三要进一步抓好当前重点工作，四要切实提高领导经济社会发展的能力，五要大力加强干部队伍建设。

11月14日 教育部批复，同意在天津中德职业技术学院基础上，整合天津海河教育园区图书馆教育资源，建立天津中德应用技术大学。这是我国第一所应用技术教育本科层次大学。

11月26日　由天津市援建的西藏昌都市天津大桥项目竣工通车。这是天津市对口援助西藏昌都21年来单体工程最大项目，也是天津市第七批援藏重点工程和对口援助昌都市"十二五"规划重点项目。

12月1日　天津市人民政府办公厅印发《天津市建设全国先进制造业研发基地实施方案（2015—2020年）》。

12月3日至4日　中共天津市委十届八次全体会议召开。全会深入贯彻落实党的十八届五中全会精神，听取和讨论了市委常委会工作报告，审议通过了《中共天津市委关于制定天津市国民经济和社会发展第十三个五年规划的建议》和全会决议。

12月29日　天津市召开经济工作会议。会议全面贯彻落实党的十八大和十八届三中、四中、五中全会，中央经济工作会议精神，深入学习贯彻习近平总书记系列重要讲话精神，总结2015年经济工作，分析当前经济形势，部署2016年经济工作。会议强调，把握发展大势，科学分析形势，是做好经济工作的前提。认识新常态、适应新常态、引领新常态是当前和今后一个时期经济发展的大逻辑。会议提出，明年要重点抓好五个方面工作：一是坚持创新驱动，培育新的增长动能；二是提升传统产业，推动制造业转型升级；三是加大改革力度，激发市场和社会活力；四是提高开放水平，形成开放型经济新优势；五是保障改善民生，努力提高群众生活质量。

本年　全市有常住人口1439.00万人，全市地区生产总值为10879.51亿元，农业总产值为467.44亿元，规模以上工业总产值为28016.75亿元，全市一般公共预算收入为2667.11亿元，全社会固定资产投资额为13065.86亿元，全市居民家庭人均可支配收入为31291元。

2016 年

1月1日 天津市施行《天津市居住证管理办法》。该办法沿用《天津市居住证管理暂行办法》关于居住证申办、发放、使用、积分及入户管理的相关内容，在规范部分条款、理顺审核流程、微调积分指标体系等方面进行了修改完善。

同日 天津市实施全面二孩政策。全市统一实行一孩、二孩生育登记制度，育龄妇女生育第二个子女不需要办理再生育审批手续。

1月4日 天津市颁发首张食品经营许可证，标志着食品流通、餐饮服务、保健食品销售实现"三证合一"。

1月5日 天津机场2016年第一条新开的全货运航线——"布鲁塞尔—天津—仁川—纽约—布鲁塞尔"航线顺利开航。该条航线由韩亚航空执飞，使用机型波音747-400F，班期为每周二、五。这条航线的开通，打通天津至比利时同时覆盖西欧的货运通道，使天津机场至欧洲的货运航班达到每周18班，进一步完善了天津机场全货运航线网络。

1月9日 据《天津日报》报道，《天津国家自主创新示范区发展规划纲要（2015—2020年）》获得科技部等14个部委批复，天津国家自主创新示范区"一区二十一园"的发展格局正式确立。"一区"即天津国家自主创新示范区，"二十一园"即在各区县、滨海新区有关功能区分别规划建设21个分园。

1月15日 中共天津市委召开常委会会议，传达贯彻全国统战部长会议精神，讨论2016年"促发展、惠民生、上水平"活动工作方案和天津市2016年20项民心工程。

同日 国务院印发《关于同意在天津等12个城市设立跨境电子商务综合试验区的批复》，同意在天津市、上海市、重庆市、合肥市、郑州市、广州市、成都市、大连市、宁波市、青岛市、深圳市、苏州市12个城市设立跨境电子商务综合试验区。

1月28日 天津市北辰区与北京市大兴区、河北省廊坊市举行京津冀三区市教育联盟合作协议签约仪式，同时启动"一十百千万"工程。三地将联合培养100位名师和100名骨干校长。

1月30日 天津女子排球队荣获"2015—2016年度全国女子排球联赛"冠军，成就全国联赛"十冠王"。

2月1日 天津市出台《2016年天津市食品安全监管计划》，解决食品生产加工小作坊等监管难题、规范牛羊肉屠宰管理、建立食品案例监管可追溯系统。

2月8日 《"十三五"时期京津冀国民经济和社会发展规划》印发实施，这是全国第一个跨省市的区域"十三五"规划，明确了京津冀地区未来五年的发展目标。

2月14日 天津市民政局、市财政局、市残联召开新闻发布会，出台《关于完善我市困难残疾人护理补贴制度的通知》，在补贴标准、资金来源等原有政策不变的基础上，对主管部门、补贴人数、补贴方式三个方面作了新的修改和调整。

2月18日 北京、天津、河北三地党委组织部在北京宣布成立京津冀人才一体化发展部际协调小组并召开小组第一次会议，审议通过《京津冀人才一体化发展部际协调小组工作机制》《京津冀高级专家数据库管理办法》，决定启动《京津冀人才一体化发展规划纲要》研究编制工作。

2月24日　由京津冀三地共同组建的京津冀职业教育协同发展研究中心正式成立，并落户天津。该中心的成立，标志着天津市作为国家现代职业教育改革创新示范区的各项建设任务正式启动。同时，该中心也将成为京津冀三地职业教育理论研究高地。

同日　滨海高新区举办5家高端研发机构落户未来科技城集体签约仪式。这5家研发机构包括：中科富图工业集成技术研究院、超级发动机研发及产业化平台项目、天津大学光电信息技术教育部重点实验室、天津大学精密测试技术及仪器国家重点实验室、华夏力鸿检验中心。

2月26日　天津市人民政府与中国第一汽车集团公司签署战略合作协议。一汽-大众华北生产基地、一汽-丰田新工厂等项目落户天津。

2月　国务院印发《关于同意开展服务贸易创新发展试点的批复》，同意在天津、上海、海南、深圳、杭州、武汉、广州、成都、苏州、威海和哈尔滨新区、江北新区、两江新区、贵安新区、西咸新区等省市（区域）开展服务贸易创新发展试点，试点期为两年。

3月1日　《天津市水污染防治条例》正式施行。市环保局出台相关配套文件，包括《〈天津市水污染防治条例〉行政处罚自由裁量权应用原则规定（试行）》及《常见水环境违法事实裁量基准（试行）》，同步实施。

同日　天津市召开中心城区旧楼区居住功能综合提升改造工作总结会议，旧楼区提升改造任务圆满完成。天津市连续四年将中心城区旧楼区提升改造列入20项民心工程，累计提升改造老旧小区2186个，使340万居民直接受益。

3月2日　空中客车天津A330宽体机完成及交付中心项目奠基活动在空港经济区的空客天津总装公司举行。5月5日天津航空首架

A330型宽体客机正式交付，5月7日起正式投入运营。

3月3日 天津市开展水污染防治百日行动专项执法检查，全面排查涉水污染物排放企业，源头管控工业废水排放，严厉打击违法排污企业。

3月10日 中国科学院、天津市人民政府科技合作座谈会在京举行，双方签署三项科技合作协议。

3月30日 天津银行股份有限公司在香港联合交易所主板成功上市，是天津市首家登陆香港资本市场的金融企业。

4月1日 首届天津市民艺术节开幕，重点打造"品牌驻万家""丹青绘盛世""文化志愿行""网络梦想秀""书香润津城"五大板块、30余项活动。

4月18日 中共天津市委召开常委会会议，讨论《关于在全市党员中开展"学党章党规、学系列讲话，做合格党员"学习教育的实施方案》和《中共天津市委常委会开展"两学一做"学习教育的安排意见》。

4月20日 天津市召开结对帮扶困难村暨村级综合服务站规范化管理工作会议。会议强调，结对帮扶困难村和加强村级综合服务站规范化管理两项工作，是市委、市政府为增强农村经济实力，改进基层服务方式，提升农民生活水平，维护农村和谐稳定作出的重要决策。会议要求，认真落实《关于加强村级综合服务站规范化管理的实施意见》，进一步加大困难村的帮扶力度，组织实施好"一村一策"经济发展方案，推动公共服务和基础设施建设向困难村倾斜和延伸，促进农民增收致富，改善农村生活环境。

5月8日 天津大火箭基地完成总装的首枚大火箭长征七号遥一火箭，从天津港运往海南发射场执行首次发射任务。

5月11日 天津市出台《推进供给侧结构性改革加快建设全国先

进制造研发基地的实施意见》。

5月21日 天津市印发《关于深化市属国有企业"四个一批"改革的支持政策》。

同日 天津市召开产业精准帮扶工作会议，对全市"500个困难村"实施一村一策精准帮扶。

同日 天津市召开深化国有企业改革工作推动会，推进国有企业"四个一批"改革，做好"放、去、创、管"，推动全市国有经济做优做强。会议印发《中共天津市委、天津市人民政府关于深化市属国有企业改革的实施意见》，以及《关于深化市属国有企业"四个一批"改革的支持政策》《关于市管企业推行职业经理人和市场化选聘经营管理者制度的意见（试行）》两个配套文件。

6月25日 由天津大运载火箭基地总装完成的长征七号运载火箭，在海南文昌航天发射场点火升空。晚8时22分，长征七号火箭顺利将有效载荷成功送入预定轨道，拉开了我国载人航天工程空间实验室任务的序幕。

6月28日 天津市印发《天津市建设北方国际航运核心区实施方案》。

同日 京津冀地区第一个海铁联运的综合性集装箱铁路板枢纽——中铁天津集装箱中心站开通运营，天津铁路进港三线全线贯通投入使用。

6月 国务院批复同意《京津冀系统推进全面创新改革试验方案》。批复指出，围绕促进京津冀协同发展，以促进创新资源合理配置、开放共享、高效利用为主线，以深化科技体制改革为动力，充分发挥北京全国科技创新中心的辐射带动作用，依托中关村国家自主创新示范区、北京市服务业扩大开放综合试点、天津国家自主创新示范区、中国（天津）自由贸易试验区和石（家庄）保（定）廊（坊）地区的国家级高新技术产业开发区及国家级经济技术开发区发展基础和政策先行先试经验，进一步促进京津冀三地创新链、产业链、资金链、政策链深度融合，建立健全区域创新体系，推动形成京津冀协同创新共同体，打造中国经济发展新的支撑带。

7月1日 中共天津市委常委会召开会议，学习领会习近平总书记在庆祝中国共产党成立95周年大会上的重要讲话精神。

同日 天津市2名共产党员、2名党务工作者和5个基层党组织，在中共中央召开的庆祝中国共产党成立95周年大会上受到表彰，分别被授予"全国优秀共产党""全国优秀党务工作者""全国先进基层党组织"称号。

同日 天津市召开跨境电子商务政策和新平台上线说明会。为开展跨境电商试点工作，服务企业开展跨境电商业务，按照市委、市政府部署要求，天津市建设完成了跨境电商信息化综合服务平台，于3月1日上线运行。按照海关总署关于切换应用跨境电商进口统一版系统的工作要求，加快开展平台新一轮建设完善工作，6月30日成功切换总署统一版系统上线运行。

7月2日至6日 "天津文化周"系列活动在莫斯科、圣彼得堡、伊尔库茨克举办，作为俄罗斯"中国文化节"的重要组成部分，津味文化感染了广大俄罗斯民众。

7月7日至8日 中共天津市委十届九次全体会议召开。全会深入学习贯彻习近平总书记系列重要讲话和全国科技创新大会精神，认真落实《国家创新驱动发展战略纲要》，审议通过了《中共天津市委、天津市人民政府关于贯彻落实〈国家创新驱动发展战略纲要〉的实施意见》。

7月8日 天津市在全国率先启动覆盖养老机构床位、老年日间照料中心床位、养老机构社区延伸服务床位的省级综合责任保险。

同日 天津市举办"美丽宜居村庄"授牌仪式，50个村庄获得天津市"美丽宜居村庄"荣誉称号。

7月29日 根据《国务院关于同意天津市调整部分行政区划的批复》，市委、市政府决定，撤销蓟县，设立蓟州区，原行政区域和政府所在地不变。

8月10日 天津市义务教育"两免一补"政策实现全覆盖。从秋季学期开始，天津市民办义务教育学校中小学也能够享受到免学杂费、免费提供教科书，对家庭经济困难寄宿生补助生活费。

8月19日 天津市深化结对帮扶困难村暨农业农村创新发展工作会议在宝坻区召开。会上，宝坻区、武清区、市委教育工委、市水务局和天津能源集团驻静海区小高庄村工作组、市农科院驻西青区技术帮扶组作交流发言，介绍有关情况。

8月22日 中共天津市委全面深化改革领导小组召开第二十二次会议，讨论《关于全面深化公安改革的实施意见》《天津市教育综合改革方案（2016—2020年）》。

8月24日 天河先进制造创新联合实验室在天津市滨海新区揭牌，该实验室由国家超级计算天津中心等8家单位联合成立。

9月1日 天津市调整2017年度居民基本医疗保险筹资标准，人均提高100元，其中政府补助标准提高70元，个人缴费提高30元。

9月7日 《天津市教育综合改革方案（2016—2020年）》发布。该方案共提出完善基础教育优质均衡发展机制、深化职业教育改革创新、促进高等教育高质量内涵发展、完善多层次多样化终身学习体系、深化招生考试制度改革等十大方面37项重点改革任务。

9月14日 中共天津市委常委会会议召开。会议传达学习贯彻习近平总书记关于天津工作的重要指示精神。会议强调，要把习近平总书记系列重要讲话精神作为做好天津各项工作的指南和遵循，按照习近平总书记在天津考察时提出的"三个着力"重要要求，凝心聚力、接续奋斗，全力维护天津发展良好势头，推进全市经济社会持续健康发展。

9月15日 天津市人力社保局、市财政局印发通知，调整退休、退职人员基本养老金。这是首次企业与机关事业单位同步调整，惠及全市202.5万退休人员，月人均增幅6.7%，从2016年1月1日起执行。

9月26日 天津市对部分社区老年日间照料服务中心进行试点改革，实行社会化运营——老人不出门，由专业养老服务送进家。由社会组织、企业或养老机构运营，居委会不再参与日常运营；免费提供给承包运营的社会组织、企业或养老机构使用，不允许收取或变相收取租金；让更多智能养老企业以日间照料服务中心为平台进入社区，丰富各类线上线下服务；委托第三方对老年日间照料服务中心服务进行评估，对服务不到位的取消其经营权。

9月27日至29日 第十三届中国制造业国际论坛在天津举行，本届论坛主题为"构建制造业新生态——创新、智能、价值"。

9月28日 天津市与北京市签署《北京市人民政府、天津市人民政府加快建设天津滨海-中关村科技园合作协议》《共建天津滨海-中关村科技园协议》。根据协议，滨海-中关村科技园将按照"创新引领、市场主导、政府推动、互利共赢"的原则，建设高端创新要素聚集、产业特色鲜明、可持续发展的国际一流科技研发和成果转化园区。

同日 国内多层次资本市场首个文化传媒行业板块在天津滨海柜台交易市场（天津OTC）第61届挂牌仪式上揭牌。

9月29日 天津高新区召开政策发布会，颁布《天津国家自主创新示范区支持投贷联动试点的六条政策（试行）》。

10月1日 天津市实施《关于促进我市房地产市场平稳健康发展

的实施意见》。

10月8日　天津市召开第二轮大气和水污染防治检查暨环保督察工作动员部署会，从10月9日至15日，对各区、市级责任部门开展第二轮大气和水污染防治大检查，重点检查环境保护责任、污染防治任务等落实情况。

10月10日　我国首台百亿亿次超算样机系统研制工作在天津启动。其中包含的"E级计算机关键技术验证系统""面向E级高性能计算机的新型高性能互联网络技术研究""基于自主创新的石油地震勘探行业应用平台"三个子项目同时启动。

10月11日　北京、天津、河北三省市审改办在津签署《京津冀行政审批制度改革协同发展战略合作共识》，标志着京津冀三省市审改工作在京津冀协同发展框架内的全面合作正式拉开帷幕，为全国审改工作和"放管服"改革起到示范引领作用。

10月15日　北京市通州区、天津市武清区、河北省廊坊市三地人才一体化发展工作会议在天津举行，会上发布了《通武廊人才一体化发展示范区建设宣言》。

10月20日　中共天津市委召开工作会议。会议深入学习贯彻习近平总书记系列重要讲话精神，特别是对天津工作提出的"三个着力"重要要求，贯彻落实京津冀协同发展重大国家战略，牢牢把握天津发展的历史性窗口期，把讲政治放在首位，进一步统一思想、凝聚力量，以中央巡视"回头看"反馈整改为契机，推进全面从严治党，为实现天津经济社会更好发展提供坚强保证。

10月21日　天津市召开中央第三巡视组巡视"回头看"反馈意见整改落实工作动员大会，聚焦问题突出重点，强化责任勇于担当，以巡视整改实效推动天津各项事业发展。会议宣布《中共天津市委关于中央第三巡视组开展巡视"回头看"情况反馈意见的整改落实方案》。

10月25日 天津市建立居家养老服务平台，老年人可以足不出户，拨打"8890"获得12类40多项专属服务。

10月28日 中共天津市委常委会扩大会议召开。会议传达学习贯彻党的十八届六中全会精神。会议强调，学习宣传贯彻好党的十八届六中全会精神，是当前和今后一个时期首要的政治任务。要把讲政治、讲忠诚落实在行动上，衷心拥护、坚决维护习近平总书记在全党的核心地位，坚决维护核心的权威，把《关于新形势下党内政治生活的若干准则》和《中国共产党党内监督条例》贯穿到全面从严治党的全过程和各方面，从根本上净化党内政治生态，推动管党治党从宽松软走向严紧硬，以政治定力和战略定力推动中央决策部署在天津落地生根。

10月29日 天津市印发《关于做好化解钢铁过剩产能企业人员安置工作的通知》，出台多项财政补贴政策，支持企业内部挖潜、转岗就业、内部退养、公益托底。

11月8日 天津市启动环保突出检查"零点行动"专项执法，严厉打击环境违法行为，市区两级环保部门共出动26个检查组严查扬尘、燃煤等涉气排放企业。

11月21日 中共天津市委召开深入推进圈子文化和好人主义问题专项整治工作会议。会议强调，开展圈子文化、好人主义专项整治，是贯彻落实党的十八届六中全会精神、严肃党内政治生活、营造良好政治生态的具体行动。我们要乘贯彻六中全会精神"东风"，加大全面从严治党力度，执制度治党之法器，把讲政治贯穿整改的各方面和全过程，以刮骨之勇、雷霆之力、穿石之功，坚决打赢这场政治硬仗。

11月22日 天津滨海-中关村科技园揭牌。天津滨海-中关村科技园规划面积10.3平方千米，来自北京的44家企业、45个项目集中签约滨海新区，总投资规模为350亿元，有24家企业签约天津滨海–中关村科技园。

同日 天津市滨海新区北大港湿地获批国家公园试点。

11月25日 天津市发布《关于健康天津建设的实施意见》。

11月29日 海关总署与天津市人民政府签署合作备忘录，明确多项支持天津经济社会发展重点工作，进一步深化署市合作，共同落实京津冀协同发展重大国家战略。

12月6日 天津市召开国有企业党的建设工作会议。

12月8日 天津市举行见义勇为人员表彰大会暨第十三届"津城百姓英雄"颁奖仪式，13名见义勇为模范、1个见义勇为模范群体，51名见义勇为先进个人、16个见义勇为先进群体和荣获"津城百姓英雄"荣誉称号的4名个人、1个群体受到表彰。

12月11日 "2016京津冀协同发展论坛"在天津举行，本届论坛的主题为"大学区域合作推动产业开源创新"。

12月11日至12日 中共天津市委十届十次全体会议召开。全会审议通过《中国共产党天津市委员会工作规则》《中共天津市委关于牢固树立"四个意识"坚决贯彻落实党中央决策部署的意见》《中共天津市委关于落实全面从严治党主体责任和监督责任的意见》和全会决议。

12月21日 《天津市推进"一带一路"建设科技创新合作专项规划》出台。

12月22日 中共天津市委全面深化改革领导小组召开会议，讨论《天津市总工会改革实施方案》《共青团天津市委改革实施方案》《天津市妇联改革实施方案》和《天津市全面深化改革专项小组调整方案》《天津市全面深化改革督察督办工作办法（试行）》。

本年　全市有常住人口 1443.00 万人，全市地区生产总值为 11477.20 亿元，农业总产值为 494.44 亿元，规模以上工业总产值为 29443.00 亿元，全市一般公共预算收入为 2723.50 亿元，全社会固定资产投资额为 14629.22 亿元，全市居民家庭人均可支配收入为 34074 元。

2017 年

1月1日 天津市在全市范围内统一城乡户口登记制度，取消农业户口和非农业户口性质区分，统一登记为居民户口。

同日 《天津市安全生产条例》实施。

同日 滨保高速公路（汉沽北互通立交至大神堂互通立交段）正式通车运营。这标志着滨保高速公路全线贯通，实现了天津市纵向高速路网全部贯通。

1月3日 天津市出台《关于完善特困人员救助供养制度的实施意见》，提出60周岁以上的老年人、残疾人及未满16周岁的未成年人，凡同时具备以下条件的，可纳入特困人员救助供养范围：具有本市户籍的无劳动能力、无生活来源且无法定赡养、抚养、扶养义务人，或者其法定赡养、抚养、扶养义务人无赡养、抚养、扶养能力。这些人员可以按月领取不低于城乡低保金1.5倍的救助供养金；在参加城乡居民基本医疗保险时，政府也将按最高档全额资助，此外，在住房、上学等方面也将享受到特殊关照。

1月4日 天津公交新能源基地充电站启用，500部纯电动公交车投入运行。

1月5日 天津市与中央企业落实京津冀协同发展战略恳谈会举行，20个央企项目集中签约落户，涉及先进制造业、战略性新兴产业和现代服务业。

1月7日 天津市发布《关于深化人才发展体制机制改革的实施

意见》。

1月9日　中共天津市委常委会扩大会议召开。会议传达学习习近平总书记在十八届中央纪委第七次全体会议上的重要讲话和中纪委全会精神。会议指出，学习贯彻中央纪委七次全会精神，首要的是认真学习领会习近平总书记的重要讲话精神，充分认识党的十八大以来以习近平同志为核心的党中央全面从严治党取得显著成效的伟大意义；准确把握党中央对党风廉政建设和反腐败斗争形势依然严峻复杂的科学判断；准确把握全面从严治党永远在路上的重要论断，增强政治定力和战略定力；准确把握全面从严治党的政治要求，增强"四个意识"，始终把讲政治摆在首位。

同日　天津市印发《天津市新能源电动汽车充电基础设施发展规划（2016—2020年）》。

1月10日　天津市召开高校思想政治工作会议。会议强调，加强党对高校的全面领导，把思想政治工作贯穿教育各环节，实现全员育人、全程育人、全方位育人。

1月11日至12日　中共天津市委常委会召开专题会议。会议学习习近平总书记在中央政治局民主生活会上的重要讲话精神和中央政治局民主生活会精神，交流认识体会，研究贯彻意见。会议强调，要深刻认识确立习近平同志核心地位这一重大政治决定的现实意义和深远历史意义，进一步增强"四个意识"，坚定不移地把维护党中央权威，维护党中央的核心、全党的核心落实到行动中去，落实到改革发展稳定各项工作中去。会议强调，贯彻落实习近平总书记重要讲话精神，要以更高标准加强政治建设，政治意识要更强，政治素质要更高，行动要更加自觉、坚定。

1月12日　中共天津市纪委十届六次全体会议召开。会议传达习近平总书记在十八届中央纪委七次全会上的重要讲话和中纪委全会精神。会议强调，要认真学习领会习近平总书记的重要讲话精神，把思想认识行动统一到中央的部署要求上来，充分认识天津市全面从严治党的严峻复杂性、特殊性和任务的繁重性，严抓"两个责任"落实，加强政治建设，坚决打赢反腐败斗争这场正义之战。

1月13日 天津市召开进一步深化国有企业改革工作会议。会议强调，要按照党中央、国务院《关于深化国有企业改革的指导意见》目标要求，明确"一二三"国企改革思路，全力推进各项工作落实。要以推进混合所有制改革为抓手，加快体制机制创新，增强国有经济实力活力竞争力，坚决打赢国企改革攻坚战。要进一步提高政治站位，站在巩固和扩大党执政物质基础和政治基础的高度，完成好国企改革的历史重任。

1月23日 中共天津市委常委会会议召开。会议传达贯彻习近平总书记对政法工作的重要指示和中央政法工作会议、全国公安厅局长会议精神。

2月4日 天津市召开"双万双服"活动暨2017年20项民心工程动员部署会。启动实施20项民心工程，包括20个大项共58个子项，涉及补足民生短板、满足公共需求、改善城乡环境等。

2月7日 中共天津市委印发《关于开展不作为不担当问题专项治理方案》。市委决定，自2017年2月初至12月底，在全市范围内开展不作为不担当问题专项治理。此次专项治理主要包括六项任务：一是自查自纠，立行立改；二是加强教育，强化管理；三是梳理线索，挂牌督办；四是严肃问责，注重实效；五是公开曝光，形成震慑；六是整改落实，建章立制。

2月8日 位于天津市滨海新区的国能新能源汽车有限责任公司新能源汽车建设项目获批，成为继北汽新能源、长江汽车、前途汽车、奇瑞新能源、敏安汽车、江铃新能源、万向集团、金康新能源后，第九张新建纯电乘用车资质的获得者。

2月13日 《天津市人民政府关于残疾、孤老人员和烈属所得减征个人所得税政策的通知》印发。

2月14日 环境保护部、住房和城乡建设部与天津市签订《共同推进水体污染控制与治理科技重大专项合作备忘录》。备忘录提出，"十三五"时期，将在天津市投入中央财政资金约3亿元，重点围绕"海绵城市建设运行关键技术研究与海河干流水环境改善综合示范"和"天津滨海工业带废水污染控制与生态修复综合示范"两个项目开展研究，推广应用一批成熟适用的技术、产品和装备，实现科技创新和成果应用两个重大突破。

2月19日 中共天津市委召开专题会议，传达学习习近平总书记在中央政治局民主生活会上的重要讲话精神和中央政治局民主生活会精神。会议指出，要深刻认识确立习近平总书记在党中央、全党的核心地位这一重大政治决定的重大现实意义和深远历史意义，维护习近平总书记的核心地位是当代中国最大的政治、最重要的政治纪律和政治规矩、最重要的政治要求和政治原则、最重要的政治大局。要以中央政治局为标杆，加强市委和各级班子政治建设，政治意识要更强、政治素质要更高，紧跟党中央、追随核心的步调要更一致、更紧密，贯彻中央大政方针力度要更大，党内政治文化建设要完全符合十八届六中全会通过的《关于新形势下党内政治生活的若干准则》和《中国共产党党内监督条例》要求、更加积极健康纯洁。

2月20日 由中共天津市委宣传部、天津广播电视台联合出品的重大革命历史题材电视连续剧《换了人间》，在革命圣地西柏坡举行开机新闻发布会。

2月21日 亚洲最大的智能停车库在天津市华苑产业园区智慧山内建成并试运行。车库有地下六层，13个车辆存取口，可同时提供1235个停车泊位，停车过程实现自动化。

2月23日　中共天津市委常委会召开会议，审议通过《中共天津市委关于肃清黄兴国恶劣影响进一步净化政治生态的工作意见》。

2月24日　天津市召开深入推进京津冀协同发展重大国家战略工作会议。会议深入学习贯彻习近平总书记系列重要讲话，特别是关于京津冀协同发展的重要讲话精神和对天津工作提出的"三个着力"重要要求，总结天津市落实京津冀协同发展重大国家战略取得的进展和成效，部署下一步重点任务。

2月25日　国内地铁建设史上首条重叠隧道——天津地铁5号线成林道站至津塘路站双线顺利贯通。

2月26日　天津市召开区委书记座谈会，围绕学习贯彻习近平总书记在中央政治局民主生活会上的重要讲话和中央政治局民主生活会精神，结合贯彻党的十八届六中全会精神、履行全面从严治党第一责任人责任，交流心得体会。

2月27日　天津市印发《天津市全民科学素质行动计划纲要实施方案（2016—2020年）》。

2月28日　天津市与甘肃省签署东西部扶贫协作框架协议，天津市16个区对甘肃省25个国家级扶贫工作重点贫困县进行对口帮扶。

3月1日　《天津市人民代表大会代表建议、批评和意见工作条例》施行。

同日　《天津市妇女权益保障条例》施行。

3月10日　中共天津市委、市人民政府决定设立海河产业基金，由市财政出资200亿元设立政府引导基金，以撬动5000亿元规模的社会资本，主要投向支柱产业与新兴产业，发展壮大先进制造业，助力实体经济稳健快速发展。

3月15日　农业部与天津市人民政府签署合作框架协议座谈会在北京举行。双方签署了《农业部与天津市政府合作框架协议》，双方将深化农业供给侧结构性改革，加快推进京津冀农业协同发展，推动天津市"四区两平台"建设，即打造国家级现代都市型农业示范区、农业高新技术产业园区、农产品物流中心区、国家农业农村改革试验区和农业信息化平台、农业对外合作平台。

3月17日　中共天津市委常委会召开会议，传达学习习近平总书记在中央政治局第三十九次集体学习时的重要讲话精神，研究贯彻落实意见。会议强调，要深入学习贯彻习近平总书记重要讲话精神，深刻理解把握精准扶贫、精准脱贫的科学要义，借助全国脱贫攻坚的强劲势头，加快提升天津市"三农"工作水平，加大困难村帮扶力度，到人到户，在精准帮扶上下功夫，确保全面建成高质量小康社会不落一人。

3月19日　天津市出台《天津市节能"十三五"规划》。规划提出，"十三五"时期，全市将实现节约能源2100万吨标准煤。

3月24日　北京市、天津市、河北省三地口岸主管部门在津召开口岸合作座谈会，签署《京津冀口岸深化合作框架协议》。

3月30日　天津市印发实施《中心城区老旧小区及远年住房改造工作方案》，共涉及3069个片区，127.58万户居民受益。

同日　"津云"中央厨房在天津数字广播大厦正式启动运行，实现天津市"播、视、报、网"的全媒体融合，是全国首家实现全媒体融合的省级中央厨房。

4月1日　中共天津市委常委会召开会议，传达学习中共中央、国务院关于设立河北雄安新区的通知精神。会议提出，坚决拥护以习近平同志为核心的党中央作出的重大决策部署，坚决拥护和全力支持雄安新区的规划建设。

4月6日　京津冀三地经信、工信部门联合发布《京津冀协同推进北斗导航与位置服务产业发展行动方案（2017—2020年）》，联合打造北斗导航与位置服务产为聚集区，共同推进北斗导航与位置服务业快速健康发展。

4月7日　中共天津市委常委会会议召开。会议传达学习习近平总书记2月23日、24日考察京津冀协同发展工作时的重要讲话精神，传达学习习近平总书记关于省级党委和政府扶贫开发工作重要讲话精神。

4月8日　天津市海河产业基金揭牌成立。

4月14日　天津市举行京津冀节能监察一体化工作联席会议，北京市节能监察大队、天津市工业和信息化稽查总队、河北省节能监察监测中心签署《京津冀节能监察一体化战略合作协议》。

4月17日　天津市召开民营经济发展工作会议。会议强调，要进一步解放思想、更新理念，加快补齐天津发展短板，推动天津市民营经济万木丛生、茁壮成长。

4月18日　天津市印发《天津市降低实体经济企业成本2017年第一批政策措施》，涵盖降低税费负担、降低企业人工成本、降低资金成本、降低能源资源成本、降低物流成本、降低创新创业成本、降低生产经营成本和管理费用8个方面，共26项政策措施。

4月19日至21日　京津冀三地民政部门在滨海新区召开京津冀养老工作协同发展2017年第一次联席会议，讨论京津冀养老服务协同发展深层问题，首次发布"京津冀养老机构信息黄页"，建立三地养老服务信息库，共同推进养老服务规范化和标准化。

4月20日　中共天津市委常委会会议召开。会议传达学习习近平总书记关于"两学一做"学习教育常态化制度化的重要指示和推进"两学一做"学习教育常态化制度化工作座谈会精神，总结部署天津市"两学一做"学习教育工作。会议强调，要深入学习领会习近平总书记重要指示精神，深刻认识推进"两学一做"学习教育常态化制度化是以习近平同志为核心的党中央做出的重大决策，扎实深入开展"维护核心、铸就忠诚、担当作为、抓实支部"主题教育实践活动，在真学实做上深化拓展，推动"两学一做"融入日常、抓在经常。

4月27日 中共天津市委常委会召开会议，审议通过《天津市关于全面推行河长制的实施意见》。

4月28日 天津市召开推进"两学一做"学习教育常态化制度化工作部署会。

同日 中共天津市委办公厅印发《关于开展"维护核心、铸就忠诚、担当作为、抓实支部"主题教育实践活动推进"两学一做"学习教育常态化制度化的实施方案》。

5月3日 《中共天津市委、天津市人民政府关于大力推进民营经济发展的意见》出台，提出25条具体措施。

5月4日 天津市人民政府首次举行宪法宣誓仪式。新任命的市政府副秘书长、组成部门副职领导干部，直属特设机构、直属机构及其他行政机构的30名正、副局级领导干部依法进行宪法宣誓。

5月8日 国科量子通信项目落户滨海高新区。滨海高新区管委会与国科量子通信网络有限公司、福州数码信息服务股份有限公司、科大国盾量子技术股份有限公司签署战略合作协议。

5月15日 天津市城郊职业教育集团成立，这是我国首个城郊职教集团。

5月22日至26日 中国共产党天津市第十一次代表大会召开。大会的主题是，更加紧密地团结在以习近平同志为核心的党中央周围，高举旗帜，维护核心，忠诚担当，创新竞进，为加快建设"一基地三区"，全面建成高质量小康社会，建设社会主义现代化大都市而奋斗。

5月24日 《天津市民文明公约》《天津市民行为守则》颁布

实施。

同日 天津市印发《天津市新一轮中小企业创新转型行动计划（2017—2020年）》，提出利用4年时间，完成1.2万家中小企业创新转型，实现中小企业结构优化、产业升级、动能转换、提质增效。

5月30日 首届"全国创新争先奖"在京颁奖，天津市6名优秀科技工作者获"全国创新争先奖状"。

5月31日 天津市召开家庭医生签约服务动员会，家庭医生签约服务在全市推行。

6月14日 天津市召开驻津部队全面停止有偿服务工作领导小组（扩大）会议，强调要坚决按照党中央、中央军委的重大战略决策和习近平总书记重要指示要求，深刻理解全面停止有偿服务的重大战略意义，切实增强政治意识、使命意识，坚决完成全面停止有偿服务工作各项任务。

6月15日 天津市印发《关于进一步推进天津市社区教育发展的意见》。

6月21日 天津市滨海高新技术产业开发区正式获批建设全国双创示范基地。

6月29日 首届世界智能大会在天津开幕。世界智能大会是智能领域全球首个大型高端交流平台，由天津市人民政府、国家发展和改革委员会、科学技术部、工业和信息化部、国家互联网信息办公室、中国科学院、中国工程院共同主办，着力打造世界级先进科技成果发布平台、创新合作平台、产业聚集平台、投融资对接平台。来自全球17个国家和地区的1200多名中外政要、著名企业家和院士专家，共襄智能科技产业盛会，以"迈向大智能时代"为主题，深入对话和交流，探讨智能科技前沿趋势，展望智能科技产业发展，谋划智能社会未来愿景。

7月6日 2017年金砖国家卫生部长会议暨传统医药高级别会议在天津开幕。金砖国家卫生部长会议《天津公报》正式发布。

同日 第二届金砖国家文化部长会议在天津举行。与会代表共同签署《落实〈金砖国家政府间文化协定〉行动计划（2017—2021年）》。

7月7日 京津冀三地人才工作领导小组联合发布《京津冀人才一体化发展规划（2017—2030年）》，这是我国首个跨区域人才规划。

7月16日 中共天津市委常委会扩大会议召开。会议专题传达学习习近平总书记重要讲话和全国金融工作会议精神。会议强调，要紧紧围绕服务实体经济、防控金融风险、深化金融改革三项任务，扎实做好天津市金融工作，促进经济和金融良性循环、健康发展。

7月28日 中共天津市委常委会扩大会议召开。会议传达学习习近平总书记在省部级主要领导干部"学习习近平总书记重要讲话精神，迎接党的十九大"专题研讨班上的重要讲话精神。会议提出，全市广大党员干部要把思想和行动统一到习近平总书记重要讲话精神上来，自觉在思想上、政治上、行动上同以习近平同志为核心的党中央保持高度一致，切实做到政治思想上落实、学习上落实、工作上落实。

8月7日 中共天津市委常委会扩大会议召开。会议传达学习习近平总书记在中央财经领导小组第十六次会议上的重要讲话和在中央政治局常委会会议上关于上半年经济形势的重要讲话精神。会议强调，要坚持稳中求进的工作总基调，更好把握稳和进的关系，既要冷静看待经济形势变化，保持战略定力，又要担当尽责，积极作为，提高经济运行的质量和效益；要突出供给侧结构性改革这条主线，横下一条心，坚决落实"三去一降一补"五大任务，坚决根治"散乱污"

企业；要念好市场大学，充分发挥市场在资源配置中的决定性作用；要防范政府债务风险，坚决防止无序举债，加强金融监管协调；要用改革的办法破解发展中的问题，加快推动国企混改等重点领域改革，推动改革实现更大突破。

8月18日 天津市召开开展新一轮结对帮扶困难村工作会议，总结部署结对帮扶困难村工作。会议指出，为深入贯彻落实习近平总书记关于精准扶贫、精准脱贫的重要思想和要求，市委、市政府决定，利用三年时间，开展新一轮帮扶工作。

8月21日 具有我国完全自主知识产权、达到世界先进水平的中国标准动车组列车"复兴号"来到天津站，开始其在京津城际铁路的服务。

8月25日 新港船舶重工有限责任公司为长航国际新加坡公司建造的4700载重吨液态硫磺船——"长江碧玉"轮正式投入运营，是目前国内技术最先进、新节能环保、吨位最大的专用液态硫磺运输船。

8月27日至9月8日 中华人民共和国第十三届运动会在天津举行。中共中央总书记、国家主席、中央军委主席习近平出席开幕式。27日上午，习近平在天津会见了全国群众体育先进个人代表和全国体育系统先进集体、先进工作者代表，以及在本届全运会群众比赛项目中获奖的运动员代表并发表重要讲话。习近平强调，体育承载着国家强盛、民族振兴的梦想。体育强则中国强，国运兴则体育兴。要把发展体育工作摆上重要日程，精心谋划，狠抓落实，不断开创我国体育事业发展新局面，加快把我国建设成为体育强国。本届全运会推出多项创新举措，超过两万名运动员角逐33个竞技体育项目和19个群众体育项目的543个奖项，翻开了"全民全运"新篇章。天津代表团取得运动成绩和精神文明双丰收，实现天津体育历史性突破。

8月29日　中共天津市委常委会扩大会议召开。会议传达学习贯彻习近平总书记在津出席第十三届全运会有关活动时的重要讲话精神。会议指出，要深刻学习领会习近平总书记重要讲话精神，把实现体育强国梦与民族复兴梦结合起来，坚持以人民为中心的发展思想，更新体育理念，把体育工作作为民生工作、幸福工作，提高天津市竞技体育综合实力，广泛开展群众体育运动，加大投入，完善设施，满足群众健身需求、提升健康水平。

8月31日　天津市印发《关于进一步深化我市基本医疗保险支付方式改革实施方案》，全面推行以按病种、按人头付费为主的多元复合式医保支付方式改革。

9月1日　《天津市地下空间开发利用总体规划（2017—2030年）》方案编制完成，面向社会公示。

9月1日至4日　2017中国旅游产业博览会在天津举办。

9月5日　中共天津市委常委会召开会议，研究设立市委军民融合发展领导机构和工作机构有关工作，审议通过《市委军民融合发展委员会近期工作要点》《加快军民融合龙头工程、精品工程和重要项目建设的意见》《天津市食品安全工作责任规定（试行）》《关于深化体制机制改革释放科技人员创新活力的意见》《天津市受问责干部管理办法（试行）》。

9月12日　天津市出台《天津市受问责干部管理办法（试行）》。

9月14日至17日　第四届中国天津国际直升机博览会在天津举办。

9月23日　中共中央总书记、国家主席、中央军委主席习近平给南开大学8名新入伍大学生回信，肯定了他们携笔从戎、报效国家的行为，勉励他们把热血挥洒在实现强军梦的伟大实践中，书写绚烂、无悔的青春篇章。

9月27日 第十四届精神文明建设"五个一工程"表彰座谈会在北京召开。天津市报送的电影故事片《战狼》、广播剧《太行山上的新愚公》、歌曲《爱国之恋》3部作品榜上有名，市委宣传部获组织工作奖。

9月28日 以"构建中国制造2025新生态——精益·数字·智能"为主题的第十四届中国制造业国际论坛在天津举行。

10月26日 中共天津市委常委会扩大会议召开。会议传达学习党的十九大精神，以及习近平总书记在党的十九届一中全会上的重要讲话和习近平总书记在十九届中共中央政治局常委同中外记者见面时的重要讲话精神，研究部署天津市学习宣传贯彻落实党的十九大精神工作。

10月29日 2017年全国高校"毛泽东思想和中国特色社会主义理论体系概论"课现场教学展示和理论研讨在天津工业大学召开。来自全国29个省区市的53所高校参加了活动。

10月31日 "南开大学习近平新时代中国特色社会主义思想研究院"揭牌成立。

11月1日 中共天津市委常委会扩大会议召开。会议传达学习了习近平总书记在瞻仰中共一大会址时的重要讲话精神。会议指出，要学习领会好、贯彻落实好党的十九大精神，坚持以习近平新时代中国特色社会主义思想武装头脑、指导实践、推动工作，初心不改、矢志不渝、一往无前，加快建设"五个现代化"天津，为夺取新时代中国特色社会主义伟大胜利而努力奋斗。

11月2日 天津市印发《天津市"一带一路"科技创新合作行动计划（2017—2020年）》。

11月6日至10日 中共天津市委召开十一届二次全会。全会通过《中共天津市委关于深入学习宣传贯彻党的十九大精神奋力推进习近平新时代中国特色社会主义思想在津沽大地生动实践的决定》。

11月15日 天津市出台《关于营造企业家创业发展良好环境的规定》（简称"津八条"）。

11月16日 天津市召开企业家工作会议。会议强调，要认定落实《中共中央、国务院关于营造企业家健康成长环境弘扬优秀企业家精神更好发挥企业家作用的意见》，创造良好营商环境，提供优质服务。

同日 市委、市政府发布《关于营造企业家创业发展良好环境的规定》。

11月17日 中共天津市委全面深化改革领导小组召开第二十九次会议，审议通过《关于进一步把社会主义核心价值观融入法治建设的实施意见》《关于完善产权保护制度依法保护产权的实施意见》《天津市关于深化投融资体制改革的实施意见》《关于加强乡镇政府服务能力建设的实施意见》和《天津市环保机构监测监察执法垂直管理制度改革实施方案》。

同日 天津市人民政府召开"放管服"及"证照分离"改革工作推动会，部署在天津自由贸易试验区和滨海新区开展"证照分离"改革试点工作，共涉及92项行政许可事项。

11月20日 天津市领导干部学习贯彻党的十九大精神专题培训班开班。会议强调，要按照习近平总书记学懂、弄通、做实的重要要求，聚焦"关键少数"，紧紧围绕习近平新时代中国特色社会主义思想这条主线，读原文、学原著、悟原理、筑灵魂、强党性、增本领，做学、思、践、悟习近平新时代中国特色社会主义思想的表率，推动党的十九大精神在津沽大地落地生根、开花结果。为深入学习贯彻党的十九大精神，市委决定用一个月的时间，在市委党校举办6期学习贯彻党的十九大精神专题培训班，对全市市管局级领导干部进行集中轮训。

11月22日 中共天津市委办公厅印发《关于认真组织学习〈习近平谈治国理政〉第二卷的通知》。通知要求，充分认识《习近平谈治国理政》第二卷出版发行的重大意义，深刻领会和准确把握习近平新时代中国特色社会主义思想，切实组织好《习近平谈治国理政》第二卷的学习。

同日 天津市举行"放管服"及"证照分离"改革工作推动会议，部署在自由贸易试验区和滨海新区开展"证照分离"改革试点工作。

同日 天津市先进制造业产业技术研究院获准成立，构建"总院+研发机构、服务机构"的架构模式，探索解决成果转化最后一公里瓶颈问题的体制机制。

11月25日 我国首个网信领域软件定义互连技术与产业联盟在天津成立。该联盟由清华大学、复旦大学、中国电子科技集团、华为技术有限公司、中兴通讯股份有限公司等数十家单位联合组建。

11月27日 天津市启动休闲农业和乡村旅游发展规划。到2020年，全市休闲农业和乡村旅游接待游客数量达到3150万人次，消费规模突破125亿元，占农业总产值的比重达到25%，成为拓展农业、繁荣农村、富裕农民的支柱产业。

12月4日 中共天津市委常委会会议召开。会议学习习近平总书记署名文章《弘扬"红船精神"走在时代前列》。会议指出，要紧密结合学习宣传贯彻党的十九大精神，深入学习领会习近平新时代中国特色社会主义思想，奋力践行"红船精神"，增强执政本领，担当作为、真抓实干，推动党的十九大重大决策部署在天津落地生根。

12月6日 天津港集团与招商局集团签署战略框架合作协议，双方在国内外港口运营、区域综合开发、综合物流服务、金融服务、人才交流培训等领域开展战略合作。

12月11日 中共天津市委常委会扩大会议召开。会议传达学习习近平总书记重要指示精神，认真查摆"四风"新表现，立说立行、坚决整改，驰而不息，狠抓作风建设。

12月14日 天津市与中国航天科工集团有限公司签署战略合作框架协议。双方在工业互联网、云制造、智能制造、信息技术、智能科技产业等领域开展全方位合作。

12月15日 天津市与军事科学院签署战略合作框架协议，共建军民融合创新中心，共同推进军民融合发展国家战略。

12月21日 中共天津市委常委会扩大会议召开。会议传达学习贯彻中央经济工作会议精神。会议强调，要以追求质量效益为主线，坚定不移转变发展方式、优化经济结构，推动经济高质量发展。

12月27日 天津市与海航集团签署深化全面战略合作框架协议。双方围绕物流、金融、航空旅游、园区建设、国际贸易、基础设施建设等领域开展全方位、多层次合作。

同日 由天津市和平区和天津医科大学总医院联合成立的北方首个"全科医生培训中心"正式揭牌，首批48名基层医生由和平区从学科带头人、中青年技术骨干和全科医生中选派，作为继续教育学员到该中心进行定制培训。

本年 全市有常住人口1410.00万人，全市地区生产总值为12450.56亿元，农业总产值为483.67亿元，全市一般公共预算收入为2310.36亿元，全年固定资产投资（不含农户）为11274.69亿元，全市居民家庭人均可支配收入为37022元。

2018年

1月1日　《天津市禁毒条例》施行。

同日　天津市实现京津冀"同城出行、同城优惠"出行模式。具有"交通联合"标识的交通一卡通互通卡，均可在市区、滨海公交线路、地铁运营线路以及北京市、河北省（石家庄、保定、廊坊、张家口、唐山、秦皇岛、承德、沧州、邢台、邯郸、衡水）公交、地铁刷卡乘车，并享受当地票价优惠政策。

同日　国家外汇管理局天津市分局印发《进一步推进中国（天津）自由贸易试验区外汇管理改革试点实施细则》，成为2018年金融支持天津自由贸易试验区发展建设的一项重要举措。

1月3日　中共天津市委召开十一届三次全会暨全市经济工作会议。会议讨论市委常委会工作报告，审议通过《关于贯彻落实习近平新时代中国特色社会主义经济思想推动高质量发展的决议》。

1月4日　天津市召开市级深化国家监察体制改革试点工作人员转隶会议。会议指出，要提高政治站位，强化"四个意识"，以实际行动扎实推进监察体制改革。

1月5日　中远海运首例中俄国际班列正式启程，从天津港开往俄罗斯首都莫斯科，全程7600千米。

1月7日　天津市印发《关于完善产权保护制度依法保护产权的实施意见》，从加强各种所有制经济产权保护、完善平等保护产权的法规制度等10个方面提出31项重点工作。

同日 天津市推进"证照分离"改革试点工作，颁发首张"告知承诺制"许可证。

1月9日 中共天津市委常委会扩大会议召开。会议传达学习习近平总书记在学习贯彻党的十九大精神研讨班开班式上的重要讲话精神。会议强调，要高举中国特色社会主义伟大旗帜，深入贯彻落实习近平中国特色社会主义思想和党的十九大精神，推进党的建设新的伟大工程，增强忧患意识，防范风险挑战，以信念过硬、政治过硬、责任过硬、能力过硬、作风过硬，努力实现十九大确定的目标任务，确保党中央重大决策部署在天津贯彻落实。

同日 中共天津市委常委会扩大会议召开。会议传达学习习近平总书记在中央政治局民主生活会上的重要讲话和中央政治局民主生活会精神。会议指出，要深入学习领会习近平新时代中国特色社会主义思想，坚决维护习近平总书记党中央的核心、全党的核心地位，坚决维护党中央权威和集中统一领导，把"四个意识"融入血液、铸入灵魂，在意识范畴和思想层面形成高度自觉，始终与以习近平同志为核心的党中央保持高度一致。要增强战斗性，把维护核心、捍卫核心作为重大政治原则问题，对错误言行挺身而出、举旗亮剑。

同日 中共天津市委全面深化改革领导小组第四次会议召开。会议传达学习习近平总书记在十九届中央全面深化改革领导小组第一次会议上的讲话精神。会议指出，要坚持以习近平新时代中国特色社会主义思想为指引，深入学习贯彻习近平总书记全面深化改革重要思想，紧密结合天津实际，推动全面深化改革任务落实。要切实加强党对改革工作的领导，牢牢把握政治方向，增强"四个意识"，确保改革不偏离正确方向。

1月12日 《天津市全域创建文明城市三年行动计划（2018—2020年）》印发。

1月13日 工信部批准全国第八批"国家新型工业化产业示范基地",中新天津生态城产业转移合作示范基地、滨海高新区华苑产业区新能源(储能电池)产业示范基地获批。

1月14日 天津市制定《营造良好营商环境着力为企业家服务措施》。

同日 《天津市城乡居民大病保险办法》印发。

1月16日 中共天津市委理论学习中心组开展集体学习,结合学习贯彻习近平总书记在党的十九届中央纪委二次全会上的重要讲话精神和习近平总书记在《寻乌扶贫调研报告》,以及对"四好农村路"建设的重要批示精神,大兴调查研究之风,唯实求真,进行专题学习讨论。会议指出,要按照习近平总书记重要指示要求,聚焦形式主义、官僚主义的突出表现,深入剖析其危害性,大兴调查研究之风,勇于直面问题,一竿子插到底,了解群众所忧所盼,增强谋划推动工作的科学性,赢得群众的信任和支持。

1月19日 天津市拆除和关停2284台燃煤供热锅炉,提前完成全市燃煤供热锅炉清零任务。

1月20日 中共天津市委常委会扩大会议召开。会议传达学习贯彻习近平总书记在党的十九届二中全会上的重要讲话精神。会议指出,要深刻领会习近平总书记在党的十九届二中全会上的重要讲话精神,深刻领会修改宪法部分内容的重大意义,牢固树立"四个意识",坚决维护习近平总书记在党中央和全党的核心地位,维护党中央权威和集中统一领导,把思想行动统一到党中央部署要求上来,为新时代推进全面依法治国、建设社会主义法治国家而努力奋斗。

1月23日 《天津市进一步加快引育高端人才若干措施》出台。

1月 中共天津市委、市人民政府印发《关于完善产权保护制度依法保护产权的实施意见》,从加强各种所有制经济产权保护、完善平等保护产权的法规制度等10个方面提出31项重点工作。

2月1日 《天津市生物质成型燃料锅炉大气污染物排放标准》《天津市污水综合排放标准》和《天津市铸锻工业大气污染物排放标准》实施。

2月2日 天津市启动实施第二期特殊教育提升计划（2017—2020年）。

2月7日 天津市国土房管局、市公安局、市民政局联合印发天津市进城落户农民住房保障试点方案，按照"先试点，后推开"的原则，实施进城落户农民申请住房保障工作。

2月8日 天津市召开习近平新时代中国特色社会主义思想系列研讨会首场研讨会。

同日 "品牌天津"行动计划全面启动，重点推出七项举措，助力企业品质赢未来。

2月11日 天津市农村工作会议召开。会议指出，要大力实施乡村振兴战略，加快实现农业农村现代化。

2月12日 中共天津市委常委会会议召开。会议传达学习习近平总书记关于巡视工作的重要指示和十九届中央第一轮巡视工作动员部署会精神，讨论《天津市2018年20项民心工程》和《天津市2018年"双万双服促发展"活动工作方案》。会议指出，要深入学习贯彻习近平新时代中国特色社会主义思想，特别是巡视工作思想，做到学深学透，扎实推进天津市巡视巡查工作向纵深发展。发现问题是巡视工作的生命线，推动解决问题是巡视工作的落脚点。要突出政治巡视，坚决维护习近平总书记党中央的核心、全党的核心地位，坚决维护党中央权威和集中统一领导，深入监督检查各级党组织和党员领导干部践行"四个意识"、贯彻党章和党的十九大精神情况，加大整治圈子文化、好人主义、码头文化力度，推动天津市政治生态进一步改善。

2月23日 天津市市级机关干部大会暨"双万双服促发展"活动动员会召开，动员全市各级机关干部以奋发有为的精神状态，提气鼓劲，转变理念、改进作风、勇于担当，积极谋划推动高质量发展。

2月 《天津市进一步加快引育高端人才若干措施》出台，该措施涉及人才引进、培养、平台建设、激励奖励、优化服务等方面，进一步营造引才、育才的良好环境。

同月 天津市人民政府印发《天津市加快推进智能科技产业发展总体行动计划》，推动构建全国一流的智能科技创新生态，打造"天津智港"。

同月 中共天津市委办公厅印发《关于充分调动干部积极性激励担当作为创新竞进的意见（试行）》，用制度机制激励广大干部不忘初心、牢记使命，放手放胆干事，大力营造风清气正的政治生态和干事创业的强大气场。

3月1日 中共天津市委常委会扩大会议召开。会议传达学习贯彻党的十九届三中全会精神。会议强调，要深刻理解把握深化党和国家机构改革的目标任务，坚持优化、协同、高效，坚持科学合理、权责一致，优化机构设置和职能配置，构建系统完备、科学规范、运行高效的党和国家机构职能体系，扎实推进国家治理体系和治理能力现代化。

3月5日 天津市举办"传承弘扬雷锋精神　共创新时代新作为"学雷锋志愿服务主题活动。

3月8日 天津市印发《关于提高我市基本医疗保险门急诊待遇水平有关问题的通知》，对全市医保急诊报销待遇进行上调。

3月19日 天津市滨海新区获评国家卫生区。

同日 天津工业大学联合天津职业技术师范大学、天津城建大学与巴基斯坦旁遮普省共建的旁遮普天津技术大学举行建校典礼，标志着天津市高校融入"一带一路"建设进入具体实施阶段。

3月25日至30日 由中国文联、中国曲协和天津市委宣传部、市文联共同主办的第九届中国曲艺节在天津举办。

3月27日 天津大学与中国运载火箭技术研究院共建的"人机混合智能创新联合实验室"成立,这是中国运载火箭技术研究院落户天津的首个联合研究机构。

3月28日 中共天津市委常委会会议召开。会议对新阶段深入学习宣传习近平新时代中国特色社会主义思想作出安排部署。会议指出,习近平新时代中国特色社会主义思想是夺取中国特色社会主义新胜利的行动指南,是中华民族的精神财富,是指引新时代新征程的思想灯塔和精神武器。要大力开展全民学习,深入学习领会习近平新时代中国特色社会主义思想的科学内涵、精神实质和实践要求,巩固共同的思想政治基础,使之成为指引全市开展各方面工作的根本遵循。

4月1日 天津市水稻产业技术体系创新团队成立,由市农作物研究所(首席科学家单位)、南开大学、天津大学、天津农学院、市原种场等23家单位组成。

4月2日 天津市与中国工程院签署共建中国工程科技发展战略天津研究院协议。

4月4日 天津市召开2017年"津门工匠"命名大会,命名张黎明等10名同志为"津门工匠"。

4月10日 天津大学在全球率先成立的新工科教育中心正式揭牌,为全球首个新工科教育教学研究、培训、交流基地。

4月12日 由天津港集团公司、中国重汽集团公司和天津主线科技公司三方携手打造的全球首台无人驾驶电动卡车在天津港试运营。

4月13日至17日 2018中国·天津投资贸易洽谈会暨PECC国际贸易投资博览会在津举办。本届津洽会的主题为"新机遇新天津、创合作促共赢"，来自34个国家和地区、26个省区市的64个团组、5000余家企业、23万人次参展参会。签约项目投资总额为1011.15亿元，商品贸易额为10.5亿元，人才交流达成意向或签订协议的人数为4500人。

4月23日 天津市发布《关于深化"互联网+先进制造业"发展工业互联网的实施意见》。

4月24日 国家互联网信息办公室发布《数字中国建设发展报告（2017年）》。报告指出，天津等10个地区信息化发展水平位于全国前列。其中，在信息技术产业指数、产业数字化指数、信息基础设施发展指数方面，天津分别位列全国第10位、第5位和第7位。

5月4日 中共天津市委常委会召开会议，讨论《天津市关于加快推进智能科技产业发展的若干政策》和《天津市进一步推进供给侧结构性改革降低实体经济企业成本政策措施》。

同日 中共天津市委常委会会议召开。会议认真学习领会习近平总书记在纪念马克思诞辰200周年大会上的重要讲话和在中共中央政治局第五次集体学习时的重要讲话精神。会议强调，要把深入学习宣传贯彻习近平总书记重要讲话精神作为一项重要政治任务，与学习习近平新时代中国特色社会主义思想结合起来，读经典、悟原理，养成在马克思主义基本原理中找思路、找办法的思维习惯、工作习惯，提高各级领导干部的马克思主义理论水平。要大力传播马克思主义真理，深入开展学习交流，充分利用天津市高校和社科领域的优势，让马克思主义理论深入人心。

同日 天津市首家实施混合所有制改革的国有企业——天津市建筑材料集团（控股）有限公司在天津产权交易中心成功签约，北京金隅集团受让其55%股权。

5月11日 天津市国家安全领导小组会议召开。会议传达学习贯彻习近平总书记在十九届中央国家安全委员会第一次会议上的重要讲话精神，研究部署天津市贯彻落实工作。会议指出，要深入学习领会习近平总书记的重讲话精神，牢固树立和践行总体国家安全观，坚持统筹发展和安全两件大事，坚持人民安全、政治安全、国家利益至上的有机统一，坚持立足于防、又有效处置风险，坚持维护和塑造国家安全，坚持科学统筹，树立系统思维和"大安全"理念，不断提高天津市维护国家安全能力。

5月14日 天津市召开深入贯彻落实习近平总书记"三个着力"重要要求推进大会。会议强调，要高举习近平新时代中国特色社会主义思想伟大旗帜，深入贯彻落实"三个着力"重要要求，坚定不移沿着习近平总书记指引的方向奋勇前进，凝神聚气、忠诚担当、拼搏奋斗，推进习近平新时代中国特色社会主义思想在津沽大地扎实实践。

5月16日 第二届世界智能大会在梅江会展中心开幕。大会发布了《天津市加快推进智能科技产业发展的若干政策》和《天津市"海河英才"行动计划》，天津大学人工智能学院、南开大学人工智能学院同时揭牌成立。

6月6日 中共天津市委常委会会议召开。会议传达学习中央政治局会议精神和习近平总书记在两院院士大会上的重要讲话精神，传达学习贯彻落实《中央巡视工作规划（2018—2022年）》推进会精神，讨论《十一届天津市委巡视工作规划》，研究部署深化"维护核心、铸就忠诚、担当作为、抓实支部"主题教育实践活动有关工作。会议指出，5月31日，习近平总书记主持召开中央政治局会议，审议《乡村振兴战略规划（2018—2022年）》和《关于打赢脱贫攻坚战三年行动的指导意见》，对深入实施乡村振兴战略、坚决打赢脱贫攻坚战作出了重要部署，要认真抓好贯彻落实。乡村振兴战略是新时代"三农"工作的总抓手，必须立足京津冀协同发展大局，紧密结合天津市实际，全力抓好这一战略的落地落实，走出一条具有天津特色的乡村振兴之路。要坚定不移全面推行农村党组织书记、村委会主任"一肩挑"，把党的执政地位落实到基层末梢，全力提升乡村治理体系和治理能力现代化。会议强调，要认真履行党中央赋予的东西扶贫协作和对口支援政治责任，升级加力做好帮扶工作，助推受援地如期打赢脱贫攻坚战。要持续深化天津市结对帮扶困难村工作，深入了解农村现实状况和农民现实需求，摸清底数，精准帮扶，确保"全面小康、不落一人"。

6月8日 中共中央总书记、国家主席、中央军委主席习近平同俄罗斯总统普京在天津共同观看了中俄青少年冰球友谊赛。

6月15日 新组建的国家税务总局天津市税务局正式对外挂牌，原天津市国家税务局、天津市地方税务局正式合并，标志着国税地税征管体制改革迈出阶段性关键一步。

同日 由中共天津市委宣传部、市文明办主办的"传承弘扬中华文化，做文明有礼的天津人"市民教育系列活动启动。

6月25日 中共天津市委常委会召开会议，研究讨论《天津市推进东西部扶贫协作和对口支援三年行动方案》和《关于贯彻〈中国共产党党内功勋荣誉表彰条例〉的实施办法》，研究部署防范西方宗教对天津市农村地区进行渗透工作。会议指出，推进东西部扶贫协作和对口支援，助推受援地区与全国一道进入全面小康社会、夺取脱贫攻坚战全面胜利，是以习近平同志为核心的党中央赋予我们的重大政治责任，充分彰显了中国特色社会主义的制度优势。要在习近平总书记脱贫攻坚思想指引下，切实担负起职责使命，充满感情，倾心倾力做好东西部扶贫协作和对口支援工作，不折不扣地把各项任务落实到位。要按照精准扶贫、精准脱贫要求，升级加力做好产业、劳务、人才、科教、文化等领域对口帮扶，扎实推进扶贫协作。要进一步加大资金支持力度，聚焦脱贫攻坚重点和难点，增强对深度贫困县的资金帮扶。要坚持有限与无限相结合，用好有限的财政资金，强化监管，及时拨付，最大限度发挥综合效益；同时要以对受援地区群众的无限感情开展扶贫脱贫工作，扎实建好援助项目，增强与受援地各族群众的情感交融，引导社会各界共同关注参与扶贫脱贫工作。要树立鲜明导向，精心选派优秀干部，在脱贫攻坚一线锤炼摔打、经受考验、增长才干，锻造过硬的援派干部队伍。

6月27日 中国水电天津南港海上风电场一期工程投入运营。

6月28日 天津市召开深化"维护核心、铸就忠诚、担当作为、抓实支部"主题教育实践活动座谈会。会议要求，进一步提高政治站位，把主题教育实践活动与党中央将开展的"不忘初心、牢记使命"主题教育紧密结合起来，推进全面从严治党向基层延伸、向纵深发展。

7月1日 天津市进一步融合营业执照证照事项，全面实行"二十四证合一"，提高行政效率和服务效能，优化营商环境。

7月2日 天津市开展为期一个月的河湖坑塘清河专项行动，重点解决河湖、坑塘垃圾问题，彻底消除垃圾围河、垃圾围坑、垃圾围坝（闸）现象。

7月3日 天津市发布《关于调整2018年城乡居民基础养老金和老年人生活补助标准的通知》，提高城乡居民基础养老金和老年人生活补助标准。

7月8日 天津市第十四届运动会在天津体育馆开幕。

7月13日 中共天津市委常委会召开会议，传达学习习近平总书记对实施乡村振兴战略的重要指示精神和全国实施乡村振兴战略工作推进会议精神。会议指出，要坚持规划先行，遵循乡村发展规律，突出直辖市乡村特点，注重将近期任务与远期目标相结合，科学编制天津市乡村振兴规划，推动乡村全面振兴；要夯实农村发展基础，加快电网提升、道路交通建设和河流水系修复等基础性工作；要强化乡村基层社会治理，抓好村级组织换届选举，全面推行农村党组织书记通过法定程序兼任村委会主任，把党的领导地位、执政地位落实到基层。要抓好村容村貌综合整治，大力推进农村净化，改善农民生活环境。

7月17日 天津市召开东西部扶贫协作和对口支援工作推进会。会议要求站在服务党和国家事业全局、推动边疆和受援地区实现长足发展和长治久安的高度，牢固树立"一盘棋"思想，全面升级加力，助推打赢脱贫攻坚战，坚决完成好党中央赋予天津光荣神圣的政治职责。

7月23日 天津市召开生态环境保护大会。会议强调要深入学习贯彻习近平新时代中国特色社会主义思想，特别是习近平生态文明思想，全面贯彻落实党的十九大和全国生态环境保护大会精神，坚定不移走绿色发展之路，坚决打好污染防治攻坚战，加快建设绿色发展示范城市。

7月29日 天津市发布《关于打好污染防治攻坚战八个作战计划的通知》，明确从2018年起天津市准备打好蓝天保卫战、碧水保卫战、净土保卫战、柴油货车污染治理攻坚战、城市黑臭水治理攻坚战、渤海综合治理攻坚战、水源地保护攻坚战、农业农村污染治理攻坚战八个方面的三年作战计划。

7月 天津市农村承包土地确权登记颁证工作任务全面完成，应开展登记的2707个村，共登记承包地面积24.2万公顷，基本实现应确尽确，向农户颁发承包经营权证书59万份，占应发证书份数的99.4%。

8月3日 天津市召开深化"放管服"改革转变政府职能会议。会议指出，要以习近平新时代中国特色社会主义思想为指导，贯彻全国深化"放管服"改革转变政府职能电视电话会议精神，坚定不移把"放管服"改革推向纵深，为建设"五个现代化天津"、实现高质量发展注入新的强大动力。

8月5日 天津市38家三级医疗机构基本完成智慧门诊建设并上线运行，可提供多渠道预约诊疗、自助机挂号结算、自助打印影像胶片、手机在线缴费、智能发药、信息推送等便民惠民服务。

8月6日 农业农村部办公厅、财政部办公厅公布2018年农业产业强镇示范建设名单，天津市蓟州区出头岭镇获批。

8月24日 中共天津市委常委会扩大会议召开。会议传达学习贯彻习近平总书记在全国宣传思想工作会议上的重要讲话精神。会议强调，要把党中央部署要求与天津实际紧密结合起来，深入开展调查研究，制定务实管用举措。从抓学习，抓统领，抓责任，抓作品，抓创新，抓队伍，抓能力，抓作风等方面下功夫。

9月5日 中共天津市委办公厅印发《关于认真学习宣传贯彻〈中国共产党纪律处分条例〉的通知》。通知指出，新修订的条例全面贯彻习近平新时代中国特色社会主义思想和党的十九大精神，以党章为根本遵循，将党的纪律建设的理论、实践和制度创新成果，以党规党纪形式固定下来，着力提高纪律建设的政治性、时代性、针对性。要充分认识学习宣传贯彻条例的重大意义，深入推进学习宣传教育，认真抓好贯彻落实，切实加强组织领导。

9月6日 中共天津市委召开十一届四次全会。会议审议通过《天津市机构改革方案（送审稿）》，同意上报党中央审批；审议通过全会决议。会议要求，要突出党对一切工作的领导这一政治主题，正确处理机构改革的政治目标和效率目标的关系，按照系统化原理，优化协同高效科学设置机构职能，全面贯彻"先立后破、不立不破"的组织实施总原则，严格执行机构改革的有关具体政策规定和要求，确保按时限高质量完成各项改革任务。

同日　天津市发布生态保护红线，陆海统筹划定生态保护红线总面积为1393.79平方千米（扣除重叠），形成"山水林湿海"系统保护格局。

9月7日　天津海关全面实施"企业可自主选择海运现场申报口岸"改革举措，全面实现关区内各业务现场通关一体化。

9月12日　中共天津市委常委会扩大会议召开。会议传达学习了习近平总书记在全国教育大会和中央全面依法治国委员会第一次会议上的重要讲话精神，研究部署贯彻落实工作。

9月14日　《天津市深化服务贸易创新发展试点实施方案》印发，确立深化试点2年内的发展目标。

9月19日　2018天津夏季达沃斯论坛在天津梅江会展中心开幕。本届论坛以"在第四次工业革命中打造创新型社会"为主题，是迄今为止规模最大的一届夏季达沃斯论坛。

9月23日　天津市首个"中国农民丰收节"在蓟州区开幕。

9月26日　中共天津市委理论学习中心组举行学习扩大会，深入学习贯彻习近平新时代中国特色社会主义思想和党的十九大精神，深刻领会《中国共产党纪律处分条例》修订的重大意义，进一步增强严守党的纪律的自觉性和坚定性，坚定不移把全面从严治党引向深入。

9月29日　临港首个大型商业综合体中欧核心区综合服务中心项目开工。该项目总建筑面积6.65万平方米，是天津首个"装配式+EPC模式"的综合场所。

10月10日　中共天津市委常委会会议召开。会议传达学习习近平总书记在中央政治局第八次集体学习时的重要讲话精神，研究部署天津市贯彻落实工作。

10月16日　中共天津市委常委会扩大会议召开。会议传达学习了习近平总书记关于加强和改进人民政协工作的重要思想理论研讨会精神。

10月18日 京津沪渝冀供销合作社在津签署战略合作协议，以服务"三农"为宗旨，促进"四市一省"供销合作经济结构转型，推动乡村振兴。

10月18日至20日 2018中国国际矿业大会召开。本届大会主题为"开放新格局，合作新模式"，来自69个国家和地区的万余名代表参会参展。

10月21日 2018天津（武清）马拉松赛举行，来自10个国家和全国28个省市（地区）的8996名选手参赛。本届马拉松赛设有马拉松、半程马拉松和迷你马拉松三个项目，赛段全长42.195千米。

11月1日 天津国家会展中心项目在津南区启动建设。

11月2日 中共天津市委常委会会议召开。会议传达学习习近平总书记在中央财经委员会第三次会议上的重要讲话、对自由贸易试验区建设和全国党委秘书长会议作出的重要指示、同全总新一届领导班子成员集体谈话时的重要讲话精神，研究天津市贯彻落实工作。

11月6日 天津市召开集中整治形式主义官僚主义部署推动会，全面贯彻习近平总书记关于坚决整治形式主义官僚主义的重要指示精神，认真落实中央纪委办公厅通知要求，部署推动天津集中整治工作。

11月8日 《天津市中心城区子牙河两岸地区城市设计》出台，规划建设集历史、文化、生态、经济为一体的综合发展带，使其成为市民休闲健身的生态绿廊。

同日 京津冀-天津智能科技产业示范基地落户天津经济技术开发区。

同日 中共天津市委常委会会议召开。会议传达学习习近平总书记在民营企业座谈会上的重要讲话、关于巡视工作的重要指示和十九届中央第二轮巡视工作动员部署会、深化中央纪委国家监委派驻机构改革动员部署会精神，研究天津市贯彻落实意见。

11月9日 中共天津市委常委会扩大会议召开。会议传达学习中央关于秦岭北麓西安境内违建别墅问题的有关通报精神。大家一致表示，坚决拥护党中央处理决定，深刻吸取教训，引以为鉴，切实把思想和行动统一到以习近平同志为核心的党中央部署要求上来，严守党的政治纪律和政治规矩，以实际行动落实"两个维护"。

11月14日 中共天津市委常委会会议召开。会议传达学习贯彻习近平总书记在中央政治局第九次集体学习时的重要讲话、在同全国妇联新一届领导班子成员集体谈话时的重要讲话精神和全国互联网企业党建工作座谈会精神。

11月19日 天津市召开国有企业混改项目招商推介会，24个一级市管企业混改项目集中亮相，吸引各类社会资本参与天津经济建设。24个项目涉及房地产开发、工业制造、建筑施工、商贸旅游、投融资服务、公共服务、金融、医药等多个行业和领域，合作方式包括产权转让、增资扩股等。

11月21日 首部《中国城市创新竞争力发展报告（2018）》蓝皮书显示，在全国274个城市创新竞争力综合评价中，天津位列第四位。

11月23日 中共天津市委常委会会议召开。会议传达学习习近平总书记在中央政治局会议上关于前三季度经济形势的重要讲话精神。

11月26日 中新天津生态城首次入选"2018中国最具幸福感城市"，获评"中国最具幸福感生态城"。

11月27日 中共天津市委全面深化改革委员会召开第一次会议，

传达学习贯彻习近平总书记在中央全面深化改革委员会会议上的重要讲话精神，审议通过《市委全面深化改革委员会工作规则》《市委全面深化改革委员会专项小组工作规则》《市委全面深化改革委员会办公室工作细则》等。

11月29日 天津市召开推进实施乡村振兴战略暨农村人居环境整治三年行动工作部署会，会议强调要坚持农业农村优先发展，推动乡村全面振兴，大力改善农村人居环境。

11月30日 中共天津市委常委会会议召开。会议传达学习习近平总书记在中央政治局第十次集体学习时的重要讲话精神，学习贯彻《中国共产党支部工作条例（试行）》。

12月3日 天津市启动公共租赁住房项目房源登记工作，本次推出新投放房源2个项目、4395套，存量零散房源44个项目、3037套。

12月4日 天津市召开深化"维护核心、铸就忠诚、担当作为、抓实支部"主题教育实践活动。

12月7日 天津农商银行混改项目签约，四川交投产融控股有限公司增资天津农商银行7.49亿股，天津港等原股东同步合计增资1.16亿股，增资总金额近30亿元，成为2018年以来全市市管第5个成功实施混改的项目，也是全市首家实现新一轮混改的银行项目。

12月10日 中共天津市委常委会会议召开。会议传达学习贯彻习近平总书记关于人民政协工作的重要讲话精神。

12月11日 由北京中关村管委会和滨海新区政府共同筹建的天津滨海-中关村协同创新示范基地正式成立，进一步链接北京乃至全球的技术、人才和科技资源，全力搭建科技创新平台和服务体系。

12月18日 庆祝改革开放40周年大会在北京人民大会堂举行。市委常委会集中收听收看了大会实况直播，认真聆听了习近平总书记在大会上发表的重要讲话。

12月22日 中共天津市委常委会扩大会议召开。会议传达学习贯彻习近平总书记在中央经济工作会议上的重要讲话。

12月24日 天津市庆祝改革开放40周年大会举行,认真学习贯彻习近平总书记在庆祝改革开放40周年大会上的重要讲话精神,回顾天津改革开放40年来的历程,对新时代将改革开放进行到底作出再部署,动员全市干部群众肩负起改革开放先行区的职责使命,为建设"五个现代化天津"不懈奋斗。

12月28日 天津市港口统一收费管理服务平台上线运行,实现"一次缴费全港通行",是全国首个覆盖全港区、全业务、全流程的港口统一收费管理服务平台。

12月29日至30日 中共天津市委十一届五次全会暨经济工作会议召开。全会以习近平新时代中国特色社会主义思想为指导,深入贯彻党的十九大和十九届二中、三中全会精神,全面落实中央经济工作会议部署,总结2018年工作,部署2019年任务。会议讨论了市委常委会工作报告,审议通过《中国共产党天津市第十一届委员会第五次全体会议决议》。

本年 全市有常住人口1383.00万人,全市地区生产总值为13362.92亿元,农业总产值为391.00亿元,全市工业增加值比上年增长2.6%,全市一般公共预算收入为2106.24亿元,全市居民家庭人均可支配收入为39506元。

2019年

1月1日 《天津市促进精神文明建设条例》施行。

1月2日 中共天津市委常委会会议召开。会议传达学习贯彻习近平总书记对做好"三农"工作的重要指示。

1月4日 中共天津市委常委会会议召开。会议深入学习贯彻《中共中央、国务院关于支持河北雄安新区全面深化改革和扩大开放的指导意见》精神。会议指出,党中央、国务院印发关于支持河北雄安新区全面深化改革和扩大开放的指导意见,对雄安新区规划建设具有重要意义,同时对推动京津冀协同发展具有很强的针对性和指导性。要把天津放到京津冀协同发展的整体大局之中,努力为"千年大计、国家大事"做出应有贡献。

1月7日 中共天津市委常委会会议召开。会议深入学习贯彻《中共中央、国务院关于支持河北雄安新区全面深化改革和扩大开放的指导意见》精神,研究讨论天津市实行"战区制、主官上、权下放",推进党建引领基层治理体制机制创新、市委党内法规制定工作《五年规划》和2019年20项民心工程,听取2018年市级环保督察工作汇报。

1月11日 中共天津市委常委会扩大会议召开。会议传达学习贯彻习近平总书记在中央政治局民主生活会上的重要讲话和中央有关通报精神。

1月12日 天津市北水南调工程正式开工,通过渠道治理、泵站建设等工程措施，将天津市北部水源引调至静海区等南部缺水地区，以有效缓解南部地区农业、生态缺水现状，改善河道水生态环境。

1月14日 中共天津市委常委会会议召开。会议就进一步提高政治站位、坚决贯彻落实习近平总书记重要指示批示提出要求。

1月15日 中国出口非洲大陆首台盾构机"中铁665号"在中铁工程装备集团盾构再制造有限公司天津工厂成功下线。

1月17日 中共中央总书记、国家主席、中央军委主席习近平到天津考察。在南开大学，习近平指出，爱国主义是中华民族的民族心、民族魂，培养社会主义建设者和接班人，首先要培养学生的爱国情怀；高校党组织要把抓好学校党建工作和思想政治工作作为办学治校的基本功；专家型教师队伍是大学的核心竞争力，要把建设政治素质过硬、业务能力精湛、育人水平高超的高素质教师队伍作为大学建设的基础性工作，始终抓紧抓好；要加快一流大学和一流学科建设，加强基础研究，力争在原始创新和自主创新上出更多成果，勇攀世界科技高峰。他勉励师生们把学习奋斗的具体目标同民族复兴的伟大目标结合起来，把小我融入大我，立志做出我们这一代人的历史贡献。在天津和平区新兴街朝阳里社区，习近平指出，社区工作是具体的，要坚持以人民为中心，摸准居民群众各种需求，及时为社区居民提供精准化精细化服务；各级党委和政府要高度重视，切实把广大退役军人合法权益维护好，把他们的工作和生活保障好；志愿服务是社会文明进步的重要标志，是广大志愿者奉献爱心的重要渠道。要为志愿服务搭建更多平台，更好发挥志愿服务在社会治理中的积极作用。在梁启超旧居，习近平指出，要爱惜城市的历史文化遗产，在保护中发展，在发展中保护。在天津港码头，习近平强调，经济要发展，国家要强大，交通特别是海运首先要强起来。要志在万里，努力打造世界一流的智慧港口、绿色港口，更好服务京津冀协同发展和共建"一带一路"；实体经济是大国的根基，经济不能脱实向虚。要扭住实体经济不放，继续不懈奋斗，扎扎实实攀登世界高峰。在天津滨海–中关村科技园，习近平强调，自主创新是推动高质量发展、动能转换的迫切要求和重要支撑，必须创造条件、营造氛围，调动各方面创新积极性，让每一个有创新梦想的人都能专注创新，让每一份创新活力都能充分迸发。要深化科技园区体制机制创新，优化营商环境，吸引更多在京科技服务资源到园区投资或延伸业务，促进京津两市真正实现优势互补、强强联合。

1月19日 中共天津市委常委会扩大会议召开。会议传达学习贯彻习近平总书记在天津考察工作和在京津冀协同发展座谈会上的重要讲话精神，研究部署天津市贯彻落实工作。大家一致认为，在京津冀协同发展重大国家战略实施五周年的重要节点，在天津负重前行、滚石上山战略性调整的关键时刻，习近平总书记亲临天津考察指导工作，在北京主持召开京津冀协同发展座谈会，对新阶段京津冀协同发展作出战略部署，对天津发展提出了重要指示要求。习近平总书记在津考察工作对于天津发展具有里程碑意义，充分体现了以习近平同志为核心的党中央对天津工作的高度重视、对天津发展的殷切厚望、对天津人民的关怀厚爱，为天津发展注入了强大的政治动力、精神动力、工作动力，全市人民倍感温暖、备受鼓舞。习近平总书记心系基层、深入群众，与大家亲切交流互动，倾听群众心声，令人深受感动、深受教育，我们切身感受到习近平总书记的领袖风范和人格魅力。

1月20日 中共天津市委常委会扩大会议召开。会议传达学习了习近平总书记在十九届中央纪委三次全会上的重要讲话、在中央政法工作会议上的重要讲话和在中央政治局第十一次集体学习时的重要讲话精神。

1月23日 天津市习近平新时代中国特色社会主义思想讲师团和滨海新区区委宣传部联合举办学习贯彻习近平总书记在天津考察工作和京津冀协同发展座谈会上重要讲话精神基层学习报告会，270余名基层干部群众和宣讲团成员参加。

1月27日 国家外汇管理局批复同意在天津自由贸易试验区内开展飞机离岸融资租赁对外债权登记业务。天津自贸试验区成为首个经国家外汇管理局批复可办理飞机离岸融资租赁对外债权登记业务的区域。

1月28日 天津市召开领导干部大会。会议传达学习贯彻习近平总书记视察天津和在京津冀协同发展座谈会上的重要讲话精神，对下一步学习宣传和贯彻落实工作进行动员部署。

同日 天津市与中国建设银行股份有限公司签署战略合作协议，在推动金融创新运营示范区建设、战略性新兴产业发展壮大、"数字天津"建设等方面开展全方位合作。

1月30日 天津市印发《关于支持"海河英才"自主创业的政策措施》。

2月11日 中共天津市委全面深化改革委员会第二次会议召开。会议传达学习贯彻习近平总书记在中央全面深化改革委员会第六次会议上的重要讲话精神，研究讨论市委全面深化改革委员会2018年工作总结和2019年工作要点。

2月13日 天津市与中国银行股份有限公司签署《全面战略合作协议》，推动金融与实体经济深度融合。

2月18日 天津市人民政府召开第45次常务会议。会议审议了《贯彻落实〈国务院关于支持自由贸易试验区深化改革创新若干措施的通知〉任务分工》。会议审议了《天津市加快推进一体化在线政务服务平台建设实施方案》。

2月19日 中共天津市委理论学习中心组举行集体学习，深入学习领会习近平总书记在《求是》杂志上发表的重要文章《辩证唯物主义是中国共产党人的世界观和方法论》。

2月20日 天津市召开不作为不担当警示教育大会。以习近平新时代中国特色社会主义思想为指导，深入学习贯彻党的十九大和十九届二中、三中全会精神，全面落实十九届中央纪委三次全会部署，以不作为不担当和形式主义、官僚主义典型案例为镜鉴，教育引导各级领导干部勇于担当、敢于斗争、善于作为，进一步推进专项治理深入开展，为天津高质量发展提供坚强保障。

2月22日 《天津市推进高中阶段学校考试招生制度改革的实施意见》发布。

2月24日 中共天津市委常委会会议召开。会议深入学习贯彻习近平总书记关于国家安全工作重要讲话精神。会议指出，党的十八大以来，习近平总书记对国家安全工作提出了一系列新理念、新思想、新战略，创造性地提出了总体国家安全观，为做好新时代国家安全工作指明了前进方向、提供了根本遵循。要深入学习贯彻习近平新时代中国特色社会主义思想，坚持以习近平总书记关于总体国家安全观重要论述统领各项工作，清醒认识严峻复杂形势，把维护政治安全、制度安全、执政安全作为首要，树牢"四个意识"、坚定"四个自信"、坚决做到"两个维护"，切实履行好首都政治"护城河"职责使命。

2月25日 天津市施行《关于促进市内六区高端服务业集聚发展的指导意见》。

2月26日 国家发展改革委在天津举办深化民营和小微企业金融服务现场交流会，介绍天津市"双万双服促发展"活动经验，实地考察服务企业现场。

2月27日 中共天津市委十一届六次全会召开。全会审议通过

《中共天津市委关于认真学习贯彻习近平总书记视察天津重要指示和在京津冀协同发展座谈会上重要讲话精神的实施意见》和全会决议。

3月6日　出席十三届全国人大二次会议的天津代表团召开会议，认真传达学习贯彻习近平总书记在参加内蒙古代表团审议时的重要讲话精神。会议认为，习近平总书记的重要讲话，进一步系统阐述了生态文明建设的理论依据、地位作用、工作着力点，对全局工作具有非常重要的指导意义。党的十八大以来，以习近平同志为核心的党中央把生态文明建设纳入"五位一体"总体布局，充分体现了党对治国理政规律、经济社会发展规律的科学把握。习近平生态文明思想是习近平新时代中国特色社会主义思想的重要组成部分，要科学认识生态环境是人类活动的载体、前提和根本所在，是经济发展的总约束和"天花板"，牢固树立"绿水青山就是金山银山"的理念，以实际行动体现"四个意识""两个维护"，坚定不移走以生态优先、绿色发展为导向的高质量发展新路子。

3月7日　第十五届中国（天津）国际装备制造业（工业）博览会开幕，来自全球20多个国家和地区的近1000个知名品牌同场展出。

3月8日　出席十三届全国人大二次会议的天津代表团在驻地召开会议，认真传达学习贯彻习近平总书记在参加甘肃代表团审议时的重要讲话精神。会议指出，党的十八大以来，以习近平同志为核心的党中央从全面建成小康社会全局出发，把扶贫开发工作摆在治国理政的突出位置，全面打响脱贫攻坚战，向全国人民、向全世界作出到2020年消除绝对贫困的庄严承诺，充分彰显了党的立党宗旨、执政宗旨。6年来，中国贫困人口减少8000多万，为人类减贫事业做出巨大贡献，充分彰显了中国特色社会主义制度的优越性和中国共产党领导的政治优势。习近平总书记始终心系人民群众、心怀无疆大爱，亲自挂帅、亲自部署，全力推动、身体力行，充分彰显了人民领袖炽热的为民情怀和强烈的责任担当。要深入学习习近平总书记重要讲话精神，深刻认识打赢脱贫攻坚战的重大现实意义和深远历史意义，树牢"四个意识"、坚决做到"两个维护"，在党中央、习近平总书记的坚强领导下，坚定信心、凝心聚力、决战决胜，坚决打赢这场历史之战、时代之战。

3月9日 出席十三届全国人大二次会议的天津代表团在驻地召开会议，认真传达学习贯彻习近平总书记在参加河南代表团审议时的重要讲话精神。会议指出，党的十八大以来，习近平总书记站在党和国家事业发展全局的高度，多次就"三农"工作发表重要讲话，围绕乡村振兴作出一系列重要论述、重要指示批示，深刻阐述了"三农"工作中带有全局性、方向性、战略性的重大理论和实践问题，形成了科学完整的理论体系。习近平总书记在参加河南代表团审议时重要讲话，就实施乡村振兴战略提出重要要求，为做好新时代"三农"工作提供了行动指南和根本遵循。一定要认真学习领会，坚决贯彻落实，切实把思想和行动统一到习近平总书记的重要讲话精神上来。

3月13日 天津市结对帮扶困难村工作领导小组召开会议，深入学习贯彻习近平总书记关于做好"三农"工作重要论述，特别是关于扶贫工作的重要论述，推动市委扶贫助困专项巡视反馈问题整改落实，总结2018年工作，部署2019年任务。

3月16日 中共天津市委常委会扩大会议召开。会议传达学习贯彻习近平总书记全国两会期间重要讲话。会议指出，这次全国两会是在喜迎新中国成立70周年之际召开的一次十分重要的会议。习近平总书记在两会期间发表了一系列重要讲话，为天津做好各项工作提供了重要遵循。要认真学习领会，与学习贯彻习近平新时代中国特色社会主义思想和党的十九大精神、全国两会精神结合起来，与学习贯彻习近平总书记对天津工作提出的"三个着力"重要要求、视察天津重要指示和在京津冀协同发展座谈会上重要讲话精神结合起来，切实把党中央决策部署落到实处。

3月18日 向滨海新区下放市级权力事项工作动员部署会议召开。会议指出，要认真贯彻习近平总书记视察天津重要指示和在京津冀协同发展座谈会上的重要讲话精神，落实市委部署要求，向滨海新区放权赋能，更好发挥新区龙头带动作用，真正实现"滨海事、滨海办"。

3月19日 天津市农村工作会议召开。会议指出，要全面贯彻落实习近平总书记关于做好"三农"工作的重要论述，深刻把握乡村振兴战略的科学内涵，深刻把握"三农"工作的特殊重要性，坚持农业农村优先发展总方针，坚持"三农"工作为重中之重的地位，从京津冀协同发展大战略中谋划推动，实现产业振兴、人才振兴、文化振兴、生态振兴、组织振兴的乡村全面振兴。

3月21日 中共天津市委常委会会议召开。会议传达学习贯彻习近平总书记关于扫黑除恶专项斗争的重要指示精神，学习贯彻《中共中央关于加强党的政治建设的意见》《中国共产党重大事项请示报告条例》《中国共产党农村基层组织工作条例》。

3月23日至4月11日 天津市开展为期20天的危险化学品企业隐患排查专项整治行动。

3月24日 天津市民政局、市财政局联合下发《关于调整社会救助范围和标准的通知》，确定最低生活保障标准由每人每月920元调整至980元，低收入家庭救助标准由每户每月276元调整至294元，特困人员供养标准由每人每月1780元调整至1840元。

3月25日 中共天津市委中央巡视组反馈意见整改落实工作领导小组召开扩大会议，通报中央巡视"回头看"反馈意见整改落实监督检查情况，深入分析存在的突出问题，对整改工作再认识、再动员，推动整改任务再落实。

3月27日 天津市召开首届"新时代职工创新创业之星"命名表彰大会，对评选出的20名创新创业之星每人给予10万元奖励。

4月1日 天津市正式启动"互联网+护理服务"试点，首批35个服务项目上线，各区至少遴选1所医疗机构作为试点开展服务。

4月3日 天津市扶贫协作和支援合作工作领导小组召开扩大会议暨2019年工作推进会，深入学习贯彻习近平总书记关于扶贫工作的重要论述，全面落实《中共中央、国务院关于打赢脱贫攻坚三年行动的指导意见》，总结2018年工作，部署2019年任务。

4月4日 中共天津市委农村工作领导小组召开第一次会议。会议审议了市委农村工作领导小组2018年工作情况和2019年工作要点及有关工作规则、工作细则，审议市委、市政府关于落实乡村振兴战略，坚持农业农村优先发展，做好"三农"工作的实施意见的分工方案和关于落实乡村振兴战略规划，加快推进各级规划编制工作的指导意见。

同日 中共天津市委常委会会议召开。会议传达学习贯彻习近平总书记对江苏响水天嘉宜化工有限公司"3·21"爆炸事故、四川省凉山州木里县森林火灾作出的重要指示，研究讨论《天津市党政领导干部安全生产责任制实施细则》。

4月9日 天津市召开扫黑除恶"打伞"专项斗争推进会。

4月11日 中共天津市委办公厅印发《关于解决形式主义突出问题为基层减负的若干措施》。

4月12日 中共天津市委理论学习中心组举行集体学习，深入学习领会习近平总书记关于总体国家安全观的重要论述。

同日 天津市召开形式主义官僚主义不作为不担当问题专项治理推进会，深入学习贯彻习近平总书记关于力戒形式主义、官僚主义重要指示精神，认真落实党中央、中央纪委部署和市委要求，聚焦"基层减负年"，推动2019年专项治理工作。

4月16日　外交部和天津市人民政府在外交部南楼举行以"新时代的中国：活力天津走向世界"为主题的外交部天津全球推介活动。面向全世界零距离宣介新中国成立70年来天津发展建设取得的巨大成就，展现习近平新时代中国特色社会主义思想在津沽大地的扎实实践。159个国家的驻华使节、国际组织代表及工商界代表、中外专家学者和媒体记者等500余人参加。

4月17日　天津口岸区块链验证试点项目上线试运行，在全国首次实现区块链技术与跨境贸易中的交易、金融、物流、监管等各环节的深度融合，初步建立区块链跨境贸易生态体系，提升天津口岸贸易便利化水平。

4月18日　2019中国·天津投资贸易洽谈会暨PECC博览会在梅江会展中心开幕。本届津洽会以"全方位开放、多领域合作、高质量发展"为主题，来自36个国家和地区、26个省区市的81个团组、2400余家企业、13万人次参展参会，151个项目成功签约，合同协议额达690亿元，现场商品销售额为1亿元。

4月22日　中共天津市委、市人民政府印发《关于全面深化新时代教师队伍建设改革的实施意见》，这是天津市首次对教师队伍建设提出改革意见。

4月25日　中共天津市委常委会扩大会议召开。会议传达学习贯彻习近平总书记关于巡视工作重要指示和全国巡视工作会议暨十九届中央第三轮巡视动员部署会精神，讨论市纪委监委派驻机构改革实施意见及配套实施办法，研究部署天津市维护国家政治安全和社会稳定、意识形态工作。

5月1日　坐落于天津市滨海新区的我国首座国家级综合性海洋

博物馆国家海洋博物馆试开馆。

5月5日 中共天津市委常委会会议召开。会议学习贯彻习近平总书记在纪念五四运动100周年大会上的重要讲话和在中央政治局第十四次集体学习时的重要讲话，传达学习贯彻习近平总书记在中央政治局第十二次、十三次集体学习时的重要讲话和关于民政工作重要指示及全国民政会议精神，研究天津市贯彻落实措施。

5月10日 中共天津市委常委会扩大会议召开。会议传达学习了习近平总书记在全国公安工作会议上的重要讲话、在中央政治局会议上关于一季度经济形势的重要讲话精神，通报了天津市党政代表团赴浙江省学习考察的情况，研究部署贯彻落实工作。

5月15日 天津市农民增收工作推进会召开。会议深入学习贯彻习近平总书记关于"三农"工作的重要论述，认真落实中央农村工作会议部署和全市农村工作会议要求，推动做好农民增收工作，确保完成2019年预期目标任务。

5月17日 中共天津市委常委会会议召开。会议传达学习贯彻习近平总书记在中央财经委员会第四次会议上的重要讲话精神。

5月18日 天津市市级夜间经济示范街区——五大道夜间经济示范街区、红桥区运河新天地夜市正式开街。

5月21日 天津市在全国先期启动中小学校党组织领导下的校长负责制试点工作，首批25所中小学成为试点校。

5月23日 中共天津市委常委会会议召开。会议深入学习贯彻习近平总书记致第三届世界智能大会贺信精神，通报大会情况，研究部署进一步办好世界智能大会的相关工作。

5月28日 中共天津市委理论学习中心组举行集体学习，深入学习领会习近平总书记重要文章《关于坚持和发展中国特色社会主义的几个问题》。

6月1日 中共天津市委常委会扩大会议召开。会议学习贯彻习近平总书记在"不忘初心、牢记使命"主题教育工作会议上的重要讲话和会议精神，讨论市委关于开展主题教育的实施方案、市委常委会开展主题教育的安排等。会议指出，在全党开展"不忘初心、牢记使命"主题教育，是以习近平同志为核心的党中央统揽伟大斗争、伟大工程、伟大事业、伟大梦想作出的重大部署，对我们党不断进行自我革命，始终保持党的先进性纯洁性，团结带领人民在新时代把坚持和发展中国特色社会主义这场伟大社会革命推向前进，奋力实现中华民族伟大复兴的中国梦具有重大现实意义和深远历史意义。要切实增强开展好主题教育的自觉性主动性，坚决贯彻"守初心、担使命，找差距、抓落实"的总要求，真正达到理论学习有收获、思想政治受洗礼、干事创业敢担当、为民服务解难题、清正廉洁做表率的目标。

同日 《天津市职工生育保险和职工基本医疗保险合并实施意见》印发实施。

6月3日 《天津市促进数字经济发展行动方案（2019—2023年）》发布。

6月14日至17日 由天津市人民政府、国务院侨务办公室共同主办的"2019中国·天津华侨华人创业发展洽谈会"举办。本届洽谈会以"创新创业、共享共赢"为主题，围绕重大国家战略，统筹海外侨务资源优势，搭建涉侨经贸科技交易平台，营造良好营商环境。洽谈会上共达成合作意见53个，协议投资额92.2亿元人民币。

6月18日至20日 天津市党政代表团赴甘肃省学习考察并召开两省市扶贫协作和对口支援工作对接会，进一步贯彻落实习近平总书记在全国两会期间参加甘肃代表团审议时的重要讲话和在解决"两不愁三保障"突出问题座谈会上的重要讲话精神，扎实推进东西部扶贫协作，助力打赢脱贫攻坚战。

7月8日 天津市举办"新时代坚持和发展中国特色社会主义"研讨会，深入交流习近平新时代中国特色社会主义思想学习体会，来自全市社科界的50余名专家学者参加了研讨会。

7月10日 天津市人民政府第62次常务会议召开。会议研究了天津市"一制三化"改革工作推进情况。会议听取了着力破解"钢铁围城""园区围城"，打好污染防治攻坚战的工作进展情况。

7月18日 中共天津市委常委会会议召开，学习贯彻习近平总书记在深化党和国家机构改革总结会议和在中央和国家机关党的建设工作会议上的重要讲话精神。会议指出，这次党和国家机构改革，是一场系统性、整体性、重构性的变革，充分体现了党的全面领导，充分彰显了中国特色社会主义制度的本质特征。要深入学习领会、坚决贯彻落实习近平总书记重要讲话精神，增强"四个意识"，坚决做到"两个维护"，紧密结合天津实际，进一步巩固深化机构改革成果。

7月19日 天津市首批"组团式"教育援藏干部教师团队完成对口帮扶任务，顺利返津。

7月25日至26日 天津市党政代表团赴西藏自治区昌都市学习考察，深化交流合作，升级加力推进对口支援各项工作，助力决胜脱贫攻坚战。

7月29日 中共天津市委常委会会议召开。会议传达学习了全国退役军人工作会议精神，研究天津市贯彻落实措施。会议指出，在"八一"前夕，党中央召开全国退役军人工作会议，习近平总书记亲切会见了与会代表，充分体现了以习近平同志为核心的党中央对退役军人工作的高度重视，对广大退役军人的关心关怀。要深入学习领会习近平总书记关于退役军人工作的重要论述精神，深入贯彻落实习近平总书记视察天津市社区退役军人服务管理站时作的重要指示要求，深刻认识做好这项工作的重大意义，以更高更严的标准深刻检视天津市在退役军人工作中的差距与不足，满腔热忱地开展工作，确保不折不扣把党中央部署要求落实到位。

8月3日 中共天津市委常委会会议召开。会议传达学习贯彻习近平总书记对地方人大及其常委会工作的重要指示。

8月5日 天津市举办首届工程技术系列人工智能专业副高级、中级职称评审委员会成立仪式，标志着全国首个人工智能职称专业评审委员会正式成立，全国首批人工智能专业职称评审专家产生。

8月14日 天津市在河西区召开推进居家养老试点工作现场会。会议强调，积极推进居家养老服务试点工作，解决老年人养老问题，是贯彻落实习近平总书记以人民为中心思想的具体行动，是市委、市政府在"不忘初心、牢记使命"主题教育中检视差距、整改提高的一项重要举措，是对我们践行为民服务宗旨的重要检验。要把初心和使命体现于改善民生的实际行动，着眼于大多数中低收入老年人的养老需求，探索党政助力、市场化运营的可持续机制，切实解决好群众所急所需所盼。

8月19日至20日 天津市党政代表团赴新疆和田地区学习考察，对接对口支援工作，助力决胜脱贫攻坚战。

8月22日 中共天津市委常委会会议召开。会议深入学习领会习近平总书记在解决"两不愁三保障"突出问题座谈会上的重要讲话，结合天津市东西部扶贫协作和对口支援工作及帮扶困难村情况，进一步研究贯彻落实措施。

8月25日至9月1日 全国第十届残疾人运动会暨第七届特殊奥林匹克运动会在天津举行。本届残运会暨特奥会共设43个大项、45个分项、1539个小项。来自全国31个省区市的35个代表团参赛。

8月28日 天津市人社局发布2019年企业、部分行业工资指导线。2019年全市企业货币工资增长基准线为7%，上线为12%，下线为3%。

8月30日　中共天津市委宣传部、市文化和旅游局发布文件，确定红桥区西沽、和苑、三条石3个街道综合性文化服务中心和西于庄街道翠溪园、铃铛阁街道新春花苑、三条石街道千吉花园、三条石街道御河湾4个社区综合性文化服务中心为天津市首批达标基层综合性文化服务中心。

8月31日至9月1日　2019市场监督管理论坛在天津举办。论坛期间，天津市召开质量工作会议，对下一步推进"质量立市"战略进行部署。国网天津市电力公司等6家企业获得第三届天津质量奖。会议正式发布"天津品牌指数"，印发《关于进一步促进天津品牌建设的实施意见》，在全国率先制定《天津品牌指数及评价方法》地方标准。

9月1日　《天津市优化营商环境条例》施行。

9月5日　中共天津市委常委会会议暨"不忘初心、牢记使命"主题教育领导小组第四次会议召开。会议传达学习贯彻习近平总书记在中央党校（国家行政学院）中青年干部培训班开班式上的重要讲话精神，听取关于天津市开展第一批"不忘初心、牢记使命"主题教育工作总结的汇报，研究讨论关于天津市开展第二批主题教育的实施方案，部署天津市迎庆新中国成立70周年有关工作。

9月6日　中共天津市委理论学习中心组专题讲座暨全面打赢脱贫攻坚战报告会举行，深入学习贯彻习近平总书记关于扶贫工作重要论述，准确把握脱贫攻坚形势任务，着力解决"两不愁三保障"突出问题，强化责任落实，进一步提高做好脱贫攻坚工作的自觉性，加大工作力度，确保如期全面打赢脱贫攻坚战、如期全面建成小康社会。

9月12日　中共天津市委常委会会议召开。会议学习贯彻习近平总书记在学校思想政治理论课教师座谈会上的重要讲话精神和中办国办《关于深化新时代学校思想政治理论课改革创新的若干意见》，讨论市委《关于进一步做好习近平总书记重要指示批示贯彻落实工作的若干措施》，研究部署天津市打好防范化解重大风险攻坚战有关工作。

9月25日　"最美奋斗者"表彰大会在北京举行，天津市共有9人入选。

9月26日　中共天津市委常委会会议召开。会议深入学习贯彻习近平总书记重要指示精神，贯彻落实党中央、国务院部署要求，对天津市庆祝新中国成立70周年安保维稳工作作出部署安排。

同日　中共天津市委理论学习中心组举行集体学习，深入学习贯彻习近平总书记关于学习党史、新中国史的重要论述，结合"不忘初心、牢记使命"主题教育，深刻认识新中国70年伟大奋斗的光辉成就和宝贵经验。

9月27日　中共天津市委常委会会议召开。会议传达学习贯彻习近平总书记在中央政协工作会议暨庆祝中国人民政治协商会议成立70周年大会上的重要讲话精神。

10月8日　中共天津市委常委会会议召开。会议学习贯彻习近平总书记在庆祝中华人民共和国成立70周年大会上的重要讲话。

10月11日　中共天津市委理论学习中心组举行集体学习，深入学习领会习近平总书记关于军民融合发展的重要论述，推动天津市形成军民融合深度发展格局。

10月17日　南开大学建校100周年纪念大会在南开大学体育中心举行。

10月18日　中共天津市委常委会会议召开。会议传达学习贯彻习近平总书记在全国民族团结进步表彰大会上的重要讲话精神。

同日　天津市获批建设国家新一代人工智能创新发展试验区，成为科技部发布《国家新一代人工智能创新发展试验区建设工作指引》

后，第一批国家新一代人工智能创新发展试验区。

10月21日 天津市召开扶贫协作和支援合作工作推动会，听取各专项工作市级牵头部门、各区和各前方工作机构任务进展情况汇报，研究解决存在的困难和问题，对下一步工作再动员、再部署、再推动，确保高质量完成好今年目标。

10月25日 中共天津市委常委会召开议军会议，认真学习贯彻习近平强军思想和习近平总书记关于国防动员重要论述精神，听取了天津警备区工作汇报，研究部署天津市加强国防动员和后备力量建设工作，讨论了《天津市全民国防教育纲要》。

11月1日 中共天津市委常委会扩大会议召开，传达学习贯彻党的十九届四中全会精神。会议指出，党的十九届四中全会是一次具有开创性、里程碑意义的重要会议。在新中国成立70周年之际、在"两个一百年"奋斗目标历史交汇点上，全会专题研究坚持和完善中国特色社会主义制度、推进国家治理体系和治理能力现代化问题并作出决定，充分体现了以习近平同志为核心的党中央高瞻远瞩的战略眼光和强烈的历史担当。习近平总书记的重要讲话科学回答了一系列重大理论和实践问题，创造性地提出了一系列新思想新观点新要求，是对坚持和完善中国特色社会主义制度、推进国家治理体系和治理能力现代化作出的政治宣示，必将对推动各方面制度更加成熟更加定型、把我国制度优势更好转化为国家治理效能产生重大而深远的影响。

11月7日 中共天津市委常委会会议暨市委"不忘初心、牢记使命"主题教育领导小组第五次会议召开。会议学习贯彻习近平总书记在上海考察时的重要讲话精神，传达贯彻中央第八巡回督导组工作要求，研究推进市委常委会专题民主生活会整改落实和专项整治工作。

11月8日 中共天津市委全面深化改革委员会召开会议，传达学习贯彻近期召开的中央全面深化改革委员会会议精神。会议指出，习近平总书记在中央全面深化改革委员会会议上的重要讲话，深刻阐述了一系列新思想、新论断、新要求，为深入推进各项重点改革任务提供了重要遵循，要紧密结合学习宣传党的十九届四中全会精神，全力抓好贯彻落实。

同日 天津市人民政府与中国中铁股份有限公司签署战略合作框架协议。中国中铁全面参与天津城市建设，推进京津冀协同发展。

11月14日 中共天津市委常委会会议召开。会议传达学习贯彻习近平总书记关于当前经济形势重要讲话精神，研究部署天津市经济工作。会议指出，要认真学习贯彻习近平总书记重要讲话精神，切实把思想和行动统一到党中央对当前经济形势的分析判断上来，深入贯彻落实习近平总书记对天津工作提出的"三个着力"重要要求，扎实做好全市经济运行工作，坚定不移走高质量发展之路。

同日 天津中德应用技术大学、天津铁道职业技术学院与尼日利亚阿布贾大学正式签署合作协议，共建尼日利亚鲁班工坊。这是继吉布提、南非、埃及、马里、肯尼亚之后，天津市在非洲布局建设的又一个鲁班工坊。

11月27日至28日 中共天津市委十一届七次全会召开。全会审议通过《中共天津市委关于贯彻落实〈中共中央关于坚持和完善中国特色社会主义制度、推进国家治理体系和治理能力现代化若干重大问题的决定〉的实施意见》和全会决议。

12月1日 天津市工业和信息化局、市财政局联合印发《天津市"专精特新"中小企业培育工程管理办法》，对列入市级"专精特新"中小企业培育名单的企业择优给予最高不超过50万元的一次性奖励。

12月2日 中共天津市委常委会会议召开。会议深入学习贯彻《中国共产党问责条例》，研究天津市贯彻落实措施。会议指出，新修订的《中国共产党问责条例》全面贯彻习近平新时代中国特色社会主义思想和党的十九大精神，把"两个维护"作为根本原则和首要任务，将坚持以党的政治建设为统领、保证党的路线方针政策和党中央重大决策部署贯彻执行作为重中之重，突出精准问责，强化问责工作的科学性和严肃性，为加强新时代党的建设，推动全面从严治党向纵深发展提供了重要制度遵循。

12月3日至4日 天津市党政代表团赴重庆市学习考察，深入学习贯彻党的十九届四中全会精神，深入贯彻落实习近平总书记关于扶贫工作重要论述，进一步推进对口支援万州和三峡库区工作，学习重庆市在推进新时代西部大开发、共建"一带一路"和长江经济带绿色发展的经验做法。

12月6日 天津市武清区获交通运输部、农业农村部、国务院扶贫办命名的"四好农村路全国示范县"荣誉称号。

12月12日 "慈善情·暖万家"2020年迎新春慈善助困项目启动。全市共救助困难家庭5500户。

12月13日 中共天津市委常委会扩大会议召开。会议传达学习贯彻习近平总书记在中央经济工作会议上的重要讲话精神。会议指出，刚刚闭幕的中央经济工作会议，是党的十九届四中全会之后中央召开的一次重要会议。习近平总书记的重要讲话，深刻总结2019年经济工作，深入分析当前经济形势，对2020年经济工作作出全面部署，为做好当前和今后一个时期的经济工作，确保全面建成小康社会和"十三五"规划圆满收官，指明了前进方向，提供了根本遵循。要深入学习领会中央经济工作会议精神，切实把思想和行动统一到党中央对当前经济形势的分析判断上来，坚决贯彻落实各项决策部署，以实际行动体现树牢"四个意识"、坚定"四个自信"、做到"两个维护"。

12月23日 天津市市级机关处长大会召开。会议激励动员全市处级领导干部，以高昂的激情和干劲勇当贯彻落实党中央决策部署、为企业和群众服务的一线指挥员、战斗员，提振干事创业精气神，激发创新竞进动力，加快推动全市高质量发展。市委各部委、市级国家机关各部门、有关人民团体及所属参公管理事业单位处长近1700人参加。

12月24日 天津市市区棚户区改造"三年清零"工作提前一个月实现既定目标，完成市区147.33万平方米、6.24万户棚户区改造任务。

12月25日 中共天津市委常委会扩大会议召开。会议传达学习贯彻习近平总书记在中央政治局常委会会议专门研究"三农"工作时发表的重要讲话和中央农村工作会议、全国扶贫开发工作会议精神。

12月30日 中国（天津）自由贸易试验区在全国率先开展法定机构改革。设立专司制度创新的法定机构——中国（天津）自由贸易试验区政策与产业创新发展局，隶属于天津自贸试验区管委会，不列入政府部门序列，推行全员聘任和岗位绩效工资体系，制定绩效考核评价办法。

同日 中国（天津）自由贸易试验区行政审批局揭牌。滨海新区人民政府政务服务办公室加挂中国（天津）自由贸易试验区行政审批局牌子，成为全国首个自贸区级行政审批局。

同日 天津市宝坻潮白河国家湿地公园和武清永定河故道国家湿地公园通过国家验收，成为天津市首批国家级湿地公园。

12月30日至31日 中共天津市委十一届八次全会暨经济工作会议召开。会议审议了市委常委会工作报告和抓党建工作情况报告，审议通过《中国共产党天津市第十一届委员会第八次全体会议决议》。

12月31日 天津市大数据管理中心（天津市信息中心）正式挂牌。

本年 全市有常住人口 1385.00 万人，全市地区生产总值为 14055.46 亿元，全年农林牧渔业总产值为 414.35 亿元，全市工业增加值比上年增长 3.6%，全市一般公共预算收入为 2410.41 亿元，全市居民家庭人均可支配收入为 42404 元。

2020 年

1月2日 中共天津市委常委会会议召开。会议学习贯彻中央政治局专题民主生活会和习近平总书记重要讲话精神。会议指出，要深入学习贯彻习近平总书记在中央政治局专题民主生活会上的重要讲话精神，切实把思想和行动统一到党中央的部署要求上来，守护初心、勇担使命，永葆共产党人的政治本色和前进动力。

1月9日 中共天津市委常委会扩大会议召开。会议传达学习贯彻习近平总书记在中央政治局"不忘初心、牢记使命"专题民主生活会上的重要讲话和中央有关通报精神，学习贯彻习近平总书记在"不忘初心、牢记使命"主题教育总结大会上的重要讲话精神。会议指出，习近平总书记在中央政治局"不忘初心、牢记使命"专题民主生活会上的重要讲话，深刻阐释了把"不忘初心、牢记使命"作为永恒课题、终身课题的重大现实意义和深远历史意义，为始终保持共产党人的政治本色和前进动力指明了奋斗方向、提供了根本遵循，我们要深入学习领会、全力抓好贯彻落实。

1月10日 天津市"不忘初心、牢记使命"主题教育总结大会召开。会议强调，不忘初心、牢记使命不是一阵子的事，而是一辈子的事。要不断巩固拓展主题教育成果，把不忘初心、牢记使命作为永恒课题和终身课题持之以恒抓下去，一刻不松、驰而不息地推进全面从严治党，努力开创新时代党的建设新局面。

1月18日 中共天津市委常委会会议召开。会议传达学习贯彻习近平总书记在十九届中央纪委第四次全体会议上的重要讲话精神和中央纪委全会精神，传达学习贯彻全国宣传部长会议精神，听取关于天津市民生工程兑现情况"回头看"工作情况的汇报，讨论《天津市2020年20项民心工程》。

1月20日 中共天津市委、市人民政府召开专题会议，传达学习贯彻习近平总书记对新型冠状病毒感染的肺炎疫情作出的重要指示，贯彻落实国务院常务会议、联防联控机制电视电话会议要求，部署天津市防控工作。会议指出，党中央、国务院高度重视新型冠状病毒感染的肺炎疫情，习近平总书记专门作出重要指示批示，为做好疫情防控工作提供了根本遵循，充分体现了对人民群众生命安全和身体健康的关怀关切。要站在增强"四个意识"、坚定"四个自信"、坚决做到"两个维护"的高度，切实把思想和行动统一到习近平总书记重要指示精神和党中央、国务院部署要求上来，牢固树立以人民为中心的思想，采取坚决有力的举措，周密安排部署，毫不松懈抓好疫情防控工作。

1月22日 中共天津市委常委会会议召开。会议学习贯彻习近平总书记对新型冠状病毒感染的肺炎疫情作出的重要指示。会议指出，习近平总书记的重要指示深刻指明了当前疫情防控总体形势，对做好防控工作提出了重要要求。要坚决按照党中央、国务院决策部署，清醒认识到疫情变化存在较大的不确定性，把人民群众生命安全和身体健康放在第一位，时刻绷紧思想之弦，做最充分的迎战准备，枕戈待旦，严阵以待，坚决打赢这场特殊的战役。

1月24日 天津市召开疫情防控视频会，对提升等级、强化措施，进一步做好全市疫情防控工作作出部署。会议要求，全市启动重大突发公共卫生事件一级响应。

1月26日 中共天津市委常委会扩大会议召开。会议传达学习贯彻习近平总书记在中央政治局常务委员会会议上的重要讲话精神，进一步动员部署天津市新型冠状病毒感染的肺炎疫情防控工作，全面深化、全面加强、全面落实各项举措。

1月28日 中共天津市委常委会扩大会议暨天津市新型冠状病毒感染的肺炎疫情防控工作领导小组和指挥部会议召开，传达学习贯彻习近平总书记重要指示精神和《中共中央关于加强党的领导、为打赢疫情防控阻击战提供坚强政治保证的通知》，听取天津市疫情防控工作情况汇报，对各项防控举措再部署、再强化、再落实。会议决定，调整充实天津市新型冠状病毒感染的肺炎疫情防控工作领导小组和指挥部，进一步加强对疫情防控工作的统一领导、统一指挥。

2月4日 中共天津市委常委会扩大会议暨市新型冠状病毒感染的肺炎疫情防控工作领导小组和指挥部会议召开。会议传达学习贯彻习近平总书记在中央政治局常务委员会会议上的重要讲话精神，进一步研究部署全市疫情防控工作。国务院工作指导组到会指导。会议指出，以习近平同志为核心的党中央高度重视疫情防控工作，习近平总书记作出一系列重要指示，始终强调把人民群众生命安全和身体健康放在第一位。农历新年上班第一天，习近平总书记再次主持召开中央政治局常务委员会会议，专题研究疫情防控工作，发表重要讲话，为做好疫情防控工作进一步指明了方向、提供了根本遵循。要坚信，有习近平总书记作为党的核心、军队统帅、人民领袖掌舵领航，有中国特色社会主义制度显著优势，全国上下、各个方面共同努力，一定能打赢疫情防控阻击战。

2月10日 中共天津市委常委会扩大会议暨市防控工作领导小组和指挥部会议召开。会议深入学习贯彻习近平总书记在中央政治局常务委员会会议上的重要讲话精神，对进一步加强疫情防控工作、统筹抓好全市改革发展稳定各项工作进行再部署、再动员。

2月13日　中共天津市委常委会扩大会议暨市防控领导小组和指挥部会议召开，传达学习贯彻习近平总书记在中央政治局常务委员会会议上的重要讲话精神和在北京市调研指导疫情防控工作时的重要讲话精神，进一步分析研判全市疫情形势，研究部署疫情防控和经济社会发展工作。

2月17日　天津市防控领导小组召开会议专题研究支援湖北抗击疫情工作。会议强调，要深入学习贯彻习近平总书记关于疫情防控的系列重要讲话和重要指示批示精神，增强全国"一盘棋"意识，坚决服从党中央统一指挥、统一协调、统一调度，坚决服从服务全国大局，扛起政治责任，发挥天津优势，全力支援湖北抗击疫情，与湖北人民一道打赢疫情防控阻击战。

2月23日　中共天津市委常委会扩大会议暨市防控领导小组和指挥部会议召开。会议认真学习贯彻习近平总书记在中央政治局会议和统筹推进新冠肺炎疫情防控和经济社会发展工作部署会议上的重要讲话精神，研究部署天津市贯彻落实工作。

2月28日　中共天津市委常委会扩大会议暨市防控领导小组和指挥部会议召开。会议传达学习贯彻习近平总书记在中央政治局常务委员会会议上的重要讲话精神；学习贯彻习近平总书记在统筹推进新冠肺炎疫情防控和经济社会发展工作部署会议上的重要讲话精神，按照项目化、清单化工作思路，对继续毫不放松抓紧抓实抓细各项防控工作、统筹推进疫情防控和经济社会发展工作、加强党对统筹推进疫情防控和经济社会发展工作的领导、在疫情防控中充分发挥基层党组织战斗堡垒作用和党员先锋模范作用等重要要求进行工作任务分解，明确具体要求、落实措施和责任部门，确保党中央重大决策部署在天津落地生根。

3月5日　中共天津市委常委会扩大会议暨市防控领导小组和指

挥部会议召开，传达学习贯彻习近平总书记在中央政治局常务委员会会议和在北京考察新冠肺炎防控科研攻关工作时的重要讲话精神。会议指出，习近平总书记主持中央政治局常委会会议，研究当前疫情防控和稳定经济社会运行重点工作，对形势进行精准判断，对重点任务作出全面部署；亲临疫情防控科研攻关一线，慰问广大科技工作者，聚焦疫情防控科研攻关这一重大战略性问题，作出重要论断，提出明确要求。习近平总书记的重要讲话，为统筹做好疫情防控和经济社会发展工作提供了根本遵循和科学指引，我们要认真学习领会，切实把思想和行动统一到党中央部署要求上来，增强"四个意识"、坚定"四个自信"、坚决做到"两个维护"，统筹疫情防控和经济社会发展"双战双胜"。

同日 中共天津市委全面深化改革委员会召开会议，传达学习习近平总书记在中央全面深化改革委员会第十一、十二次会议上的重要讲话精神。会议指出，要深入学习贯彻习近平总书记重要讲话精神，坚持思想再解放、改革再深入、工作再抓实，进一步补齐短板、完善机制、健全体系，统筹推进疫情防控和经济社会发展工作。这次抗击新冠肺炎疫情，是对我们治理体系和治理能力的一次大考，要深入总结成功经验，查找差距不足，从体制机制入手，健全完善天津市疫情防控和公共卫生应急管理体系，切实提高天津市应对突发公共卫生事件的能力水平。要更加注重基层治理的关键作用，深化党建引领基层治理创新，完善"战区制、主官上、权下放"体制机制，推动工作重心下移、力量下沉，把经过实战检验的成功做法通过体制机制和规章制度等形式固定下来，进一步夯实党的执政基础，筑牢联防联控、群防群控的坚强防线。要健全集中统一高效的应急管理领导指挥体系，完善重大疫情应急响应机制，畅通信息报送渠道，确保反应迅速、准确研判、科学决策、系统联动、处置有力。

3月8日 中共天津市委农村工作领导小组会议暨全市农村工作会议召开。会议传达学习贯彻习近平总书记关于"三农"工作重要指示精神，对抓好"三农"领域重点工作、确保如期实现全面高质量小康作出部署。会议审议通过《中共天津市委、天津市人民政府关于抓好"三农"领域重点工作 确保如期实现全面高质量小康的实施意见》和《中共天津市委农村工作领导小组2020年工作要点》等文件。

同日 天津市决战决胜脱贫攻坚动员部署会暨市委常委会扩大会议、市扶贫协作和支援合作工作领导小组会议召开。会议传达学习贯彻习近平总书记在决战决胜脱贫攻坚座谈会上的重要讲话精神，审议通过《天津市高质量推进对口支援和东西部扶贫协作 助力如期完成脱贫攻坚任务2020年实施方案》和《关于做好2020年结对帮扶困难村工作指导意见》，对抓好贯彻落实作出部署。

3月10日 中共天津市委常委会会议暨市委全面依法治市委员会会议召开。会议传达学习贯彻习近平总书记在中央全面依法治国委员会第三次会议上的重要讲话精神。会议指出，在疫情防控的关键时期，习近平总书记主持召开中央全面依法治国委员会第三次会议并发表重要讲话，深刻阐明法治在疫情防控中的重要支撑作用，对加强依法防控作出全面部署，为依法打赢疫情防控阻击战、全面推进依法治国提供了根本遵循和强大动力。

3月12日 中共天津市委常委会扩大会议暨市防控领导小组和指挥部会议召开，传达学习贯彻习近平总书记在湖北省考察新冠肺炎疫情防控工作时的重要讲话精神。会议指出，习近平总书记的重要讲话，既是对湖北和武汉提出的重要要求，也是对疫情防控的规律性认识，具有全局性指导意义，要系统研究、整体把握、狠抓落实，努力夺取天津市疫情防控和经济社会发展"双战双赢"。会议传达学习贯彻习近平总书记在中央政治局第十九次集体学习时的重要讲话精神。

3月14日 天津市人民政府召开第96次常务会议，审议《天津市支持中小微企业和个体工商户克服疫情影响保持健康发展的若干措施》。会议指出，市委、市政府坚决贯彻习近平总书记重要讲话精神，落实中央决策部署，结合天津市实际，研究制定阶段减免税费、促进就业稳岗、降低要素成本、强化金融支持、优化服务保障5方面27条措施，支持中小微企业和个体工商户克服疫情影响，提升企业渡过难关的信心和能力，保持健康发展。

3月17日 天津市第一、二、五、六、九、十二、十三共计7支医疗队732人，圆满完成支援武汉疫情防控医疗救治任务，从武汉飞抵天津，平安回家。

3月19日 中共天津市委常委会会议暨市委统一战线工作领导小组会议召开。会议深入学习贯彻习近平总书记关于加强和改进统一战线工作的重要思想，对加强全市宗教工作、网络代表人士统战工作等作出部署。会议指出，要坚持用习近平总书记关于加强和改进统一战线工作的重要思想统领天津市统战工作，积极构建大统战工作格局。会议讨论了《中共天津市委贯彻落实〈中共中央关于加强中国特色社会主义参政党建设的意见〉具体措施和分工方案》《天津市党外代表人士队伍建设规划（2020—2027年）》《天津市2020年政党协商（会议协商）计划》《关于2020年度协商委托各民主党派市委会开展重点考察调研的实施方案》《关于2020年度协商委托各民主党派市委会开展专项民主监督的实施方案》。

同日 中共天津市委常委会扩大会议暨市防控领导小组和指挥部会议召开。会议传达学习贯彻习近平总书记在中共中央政治局常务委员会会议上的重要讲话精神。

3月20日 麒麟软件成立大会在天津举行，同期发布麒麟软件"遨天"行动计划，麒麟软件总部正式落户天津。

3月24日 中共天津市委平安天津建设领导小组扩大会议暨市委政法工作会议召开。会议传达学习贯彻习近平总书记关于平安中国建设重要论述和对政法工作的重要指示精神，总结部署全市平安天津建设工作和政法工作。会议强调，全市政法系统要深入学习贯彻习近平总书记重要指示和中央政法工作会议精神，深入贯彻执行《中国共产党政法工作条例》，增强"四个意识"、坚定"四个自信"、坚决做到"两个维护"，努力建设更高水平的平安天津、法治天津，切实把党的领导优势转化为政法工作效能。

3月31日 中共天津市委常委会扩大会议暨市防控领导小组和指挥部会议召开。会议传达学习贯彻习近平总书记在中央政治局会议和二十国集团领导人应对新冠肺炎特别峰会上的重要讲话精神。会议指出，习近平总书记主持召开中央政治局会议并发表重要讲话，深入分析国内外疫情防控和经济运行形势，科学部署进一步统筹推进疫情防控和经济社会发展、决战脱贫攻坚工作，具有很强的战略性、针对性和指引性。在二十国集团领导人应对新冠肺炎特别峰会上，习近平总书记结合中国抗击疫情实践经验，就加强疫情防控国际合作、稳定世界经济提出了一系列重要主张，发挥了重要引领作用，展现了负责任大国担当，充分彰显了人类命运共同体理念的科学内涵、实践价值和现实意义，为全球抗疫传递了强大信心。

4月2日 中共天津市委常委会扩大会议暨市防控领导小组和指挥部会议召开。会议传达学习贯彻习近平总书记在中央政治局会议上关于进一步统筹推进新冠肺炎疫情防控和经济社会发展工作的重要讲话和在浙江考察时的重要讲话精神，传达学习贯彻习近平总书记对四川省凉山州西昌市森林火灾作出的重要指示。

同日 中共天津市委审计委员会召开会议，学习贯彻习近平总书记对审计工作的重要指示精神，听取天津市2019年审计工作情况汇报，研究部署2020年工作任务。

4月8日 中共天津市委理论学习中心组举行集体学习，深入学习贯彻党的十九届四中全会精神，认真学习贯彻习近平总书记关于增强忧患意识、防范化解重大风险重要论述，统筹疫情防控和经济社会发展，着力推进天津市治理体系和治理能力现代化。

4月9日 中共天津市委常委会扩大会议暨市防控领导小组和指挥部会议召开。会议传达学习贯彻习近平总书记在中央政治局常委会会议上的重要讲话精神。会议指出，习近平总书记的重要讲话深入分析国内外新冠肺炎疫情防控和经济运行形势，对落实常态化疫情防控举措、全面推进复工复产工作提出重要要求，为我们统筹做好疫情防控和经济社会发展工作进一步指明了前进方向、提供了科学指引。要认真学习领会习近平总书记重要讲话精神，坚决打好"双战"、努力实现"双赢"，以实际行动体现增强"四个意识"、坚定"四个自信"、做到"两个维护"。

同日 天津市召开东西部扶贫协作考核发现问题整改暨重点工作推动会，学习贯彻党中央决战决胜脱贫攻坚座谈会精神，传达学习习近平总书记关于扶贫工作的重要论述，聚焦国务院扶贫办对2019年东西部扶贫协作成效考核反馈的问题，按照市委、市政府要求，部署整改落实任务，推动2020年重点工作，助力受援地如期完成脱贫攻坚目标任务。

4月11日 天津市与国家电网有限公司召开视频座谈会，开展"云签约"，进一步深化双方务实合作，以能源电力服务保障京津冀协同发展重大国家战略实施。双方签署《推进新型基础设施建设 打造能源革命先锋城市战略合作框架协议》，将围绕城市能源发展顶层设计、新型基础设施建设、清洁能源发展、提升电气化水平、能源技术创新和产业升级、推进电力改革、构建国际能源交流平台等全面加强战略合作。

4月14日 中共天津市委常委会暨市委国家安全委员会扩大会议召开。会议深入学习贯彻习近平总书记总体国家安全观和关于国家安全工作的重要论述，研究部署天津市国家安全工作。

4月20日 中共天津市委常委会扩大会议暨市防控领导小组和指挥部会议召开。会议传达学习贯彻习近平总书记在中央政治局会议上的重要讲话精神，进一步部署常态化疫情防控和经济社会发展工作。会议强调，要切实把思想和行动统一到习近平总书记重要讲话精神和党中央对形势的重大判断上来，增强必胜信心，坚持稳中求进工作总基调，坚持新发展理念，坚持以供给侧结构性改革为主线，坚持以改革开放为动力推动高质量发展，牢牢把握稳是大局、在稳的基础上积极进取的重要要求，在做好常态化疫情防控中维护经济发展和社会大局稳定，迎难而上、实干担当，切实增强化危为机的紧迫感，以决战决胜脱贫攻坚、全面建成高质量小康社会的实际成效体现增强"四个意识"、坚定"四个自信"、做到"两个维护"。

4月26日 中共天津市委常委会扩大会议召开。会议传达学习贯彻习近平总书记在陕西考察时的重要讲话精神，学习贯彻中央关于2019年脱贫攻坚成效考核情况的通报精神，听取天津市做好扶贫协作和支援合作工作整改落实措施的汇报。会议指出，习近平总书记在陕西考察调研，就统筹推进新冠肺炎疫情防控和经济社会发展工作、打赢脱贫攻坚战发表重要讲话，对于全局工作具有普遍指导意义。要深入学习领会习近平总书记重要讲话精神，与贯彻落实习近平总书记关于疫情防控的一系列重要讲话和对天津工作一系列重要指示紧密结合起来，全力抓好贯彻落实，努力实现疫情防控和经济社会发展"双战双赢"。

4月28日 天津市"津城献爱心、精准助脱贫"消费扶贫"云签约"活动举行，助力受援地区打赢脱贫攻坚战。

4月30日　中共天津市委常委会扩大会议暨市防控领导小组和指挥部会议召开。会议传达学习贯彻习近平总书记在中央政治局常委会会议、中央全面深化改革委员会第十三次会议上的重要讲话精神，学习贯彻习近平总书记关于发展中医药事业的重要指示，讨论《天津市促进中医药传承创新发展的实施方案（2020—2022）》，听取天津市深化医药卫生体制改革工作情况汇报，讨论天津市贯彻落实《中国共产党党校（行政学院）工作条例》任务分解方案和《大运河天津段核心监控国土空间管控细则（试行）》。

5月8日　中共天津市委常委会扩大会议暨市防控领导小组和指挥部会议召开。会议传达学习贯彻习近平总书记在中央政治局常委会会议上的重要讲话精神。会议指出，面对突如其来的新冠肺炎疫情，习近平总书记审时度势、科学判断、英明决策，精准把握全国疫情防控全局，以非凡的政治勇气和果敢勇毅的魄力果断作出部署，湖北保卫战、武汉保卫战取得决定性成果，全国疫情防控阻击战取得重大战略成果，向全世界展示了中国力量、中国精神、中国效率。要深入学习领会习近平总书记重要讲话精神，坚决抓好贯彻落实，进一步增强"四个意识"、坚定"四个自信"、坚决做到"两个维护"，努力实现疫情防控和经济社会发展"双战双赢"。

5月13日　中共天津市委常委会扩大会议暨市防控领导小组和指挥部会议召开，传达学习贯彻习近平总书记在山西考察时的重要讲话精神。会议指出，习近平总书记赴山西就统筹推进常态化疫情防控和经济社会发展工作、巩固脱贫攻坚成果进行考察调研，再次吹响了决战决胜脱贫攻坚目标任务、全面建成小康社会的进军号角，对于全局具有战略指导意义。要把学习贯彻习近平总书记重要讲话精神与学习贯彻习近平总书记对天津工作一系列重要指示结合起来，坚决抓好贯彻落实，以"双战双赢"实际成效体现增强"四个意识"、坚定"四个自信"、做到"两个维护"。

5月16日 中共天津市委常委会扩大会议暨市防控领导小组和指挥部会议召开。会议传达学习贯彻习近平总书记在中央政治局常委会会议和中央政治局会议上的重要讲话精神，研究天津市贯彻落实措施。会议指出，在全国两会即将召开的关键时间节点，习近平总书记主持召开中央政治局常委会会议和中央政治局会议，分析国内外疫情防控形势，研究部署抓好常态化疫情防控措施落地见效，提升产业链供应链稳定性和竞争力，讨论政府工作报告，对下一阶段工作提出重要要求，为我们进一步指明了前进方向、提供了科学指引和根本遵循。要提高政治站位，增强"四个意识"、坚定"四个自信"、坚决做到"两个维护"，更加深入扎实地抓好习近平总书记一系列重要讲话精神的贯彻落实，按照党中央部署要求，打好"双战"，实现"双赢"，确保完成脱贫攻坚目标任务、全面建成高质量小康社会。

5月18日 天津市人民政府召开第105次常务会议。会议审议了《天津市推动天津港加快"公转铁""散改集"和海铁联运发展政策措施》。会议审议了《天津市促进汽车消费的若干措施》。会议还研究了食品安全监督管理、支持民营企业改革发展、扶持高成长初创科技型企业等其他事项。

同日 天津市十七届人大常委会举行第十九次会议。会议表决通过《天津市突发公共卫生事件应急管理办法》《天津国家自主创新示范区条例》。会议审议了生活垃圾管理条例、街道办事处条例、宗教事务条例草案、野生动物保护条例、动物防疫条例修订草案。会议听取并审议了市政府关于2019年度环境状况和环境保护目标完成情况的报告、关于结对帮扶困难村工作情况的报告。会议审议了市政府关于研究处理对2019年法治政府建设情况报告、义务教育法律法规和学前教育条例执法检查报告及审议意见情况的报告，市高级人民法院、市人民检察院关于研究处理对为支持和促进天津市民营经济发展提供司法保障情况报告审议意见的报告。

5月30日 中共天津市委常委会扩大会议召开。会议传达学习贯彻习近平总书记全国两会期间一系列重要讲话和在中央政治局集体学习时的重要讲话精神。会议指出，习近平总书记在两会期间发表一系列重要讲话，高瞻远瞩、总揽全局、举旗定向，为我们在新形势下统筹做好疫情防控和经济社会发展工作，决战决胜脱贫攻坚、全面建成小康社会提供了根本遵循。要深入学习领会习近平总书记重要讲话精神，与贯彻落实习近平新时代中国特色社会主义思想特别是习近平总书记对天津工作提出的"三个着力"重要要求和一系列重要指示精神相结合，胸怀"国之大者"，坚持以人民为中心的发展思想，聚焦党中央确定的目标任务，坚决抓好贯彻落实，以实际效果体现增强"四个意识"、坚定"四个自信"、做到"两个维护"。

6月3日 中共天津市委常委会扩大会议暨市防控领导小组和指挥部会议召开。会议传达学习贯彻习近平总书记在专家学者座谈会上的重要讲话精神，研究天津市贯彻落实措施。会议指出，新冠肺炎疫情发生以来，习近平总书记亲自指挥、亲自部署，坚持把人民生命安全和身体健康放在第一位，用短短几个月时间，取得了全国疫情防控阻击战的重大战略成果。在常态化疫情防控的关键时刻，习近平总书记主持召开专家学者座谈会，发表重要的讲话，强调指出人民安全是国家安全的基石，对构建强大的公共卫生体系作出系统全面的重大部署，充分彰显了人民领袖坚定的人民立场、真挚的为民情怀，为我们加强公共卫生体系建设、切实维护人民健康安全提供了根本遵循。会议强调，要深入学习贯彻习近平总书记重要讲话精神，以维护人民健康安全的扎实成效体现增强"四个意识"、坚定"四个自信"、坚决做到"两个维护"。

6月4日　中共天津市委理论学习中心组举行集体学习，深入学习贯彻习近平总书记在中央政治局集体学习时的重要讲话精神，认真学习《中华人民共和国民法典》，积极推动民法典学习宣传实施，依法更好保障人民群众合法权益。

6月11日　中共天津市委常委会扩大会议暨市防控领导小组和指挥部会议召开。会议传达学习贯彻习近平总书记在宁夏考察时的重要讲话精神，研究天津市贯彻落实措施。会议指出，习近平总书记深入宁夏考察，就统筹推进常态化疫情防控和经济社会发展工作、巩固脱贫攻坚成果、加强生态环境保护、推动民族团结进步进行调研，提出重要要求，对全局工作具有重要指导意义。要深入学习领会习近平总书记重要讲话精神，切实增强"四个意识"、坚定"四个自信"、坚决做到"两个维护"，紧密结合天津实际，全力抓好贯彻落实。

6月15日至16日　天津市党政代表团赴甘肃省庆阳市学习考察，深入贯彻落实习近平总书记在决战决胜脱贫攻坚座谈会上重要讲话精神，深化两地扶贫协作，聚焦全面建成小康社会目标任务，推动甘肃省决战决胜脱贫攻坚。

7月1日　中共天津市委常委会会议召开。会议研究部署天津市学习宣传《习近平谈治国理政》第三卷相关工作，传达学习贯彻习近平总书记在中央政治局第二十一次集体学习时的重要讲话精神和对防汛救灾工作作出的重要指示精神。会议指出，适逢庆祝中国共产党成立99周年，《习近平谈治国理政》第三卷出版发行，生动记录了党的十九大以来以习近平同志为核心的党中央着眼"两个大局"，团结带领全党全国各族人民推动党和国家各项事业取得新的重大进展的伟大实践，集中展示了马克思主义中国化的最新成果，是全面系统反映习近平新时代中国特色社会主义思想的权威著作。要结合学习党史、新中国史、改革开放史、社会主义发展史，认真组织《习近平谈治国理政》第三卷的学习宣传工作，深入领会把握习近平新时代中国特色社会主义思想的历史地位、丰富内涵和精神实质，引导广大党员干部群众深刻感受习近平总书记的强大思想伟力和人民领袖的人格魅力，进一步增强"四个意识"、坚定"四个自信"、做到"两个维护"。

7月14日 天津市农村人居环境整治攻坚推进会召开。会议深入学习贯彻习近平生态文明思想和习近平总书记关于改善农村人居环境的重要指示精神，对全力推进农村人居环境整治攻坚进行部署，确保三年行动取得预期效果。

7月16日 中共天津市委常委会会议召开。会议传达学习贯彻习近平总书记对进一步做好防汛救灾工作重要指示和全国防汛救灾工作视频会议精神，传达学习贯彻习近平总书记重要指示和农村乱占耕地建房问题整治工作电视电话会议精神，讨论了《天津市贯彻落实〈中国共产党农村工作条例〉的实施办法》。会议指出，习近平总书记对进一步做好防汛救灾工作的重要指示，充分体现了对防汛救灾工作的高度重视和坚持人民至上、生命至上的为民情怀。当前，天津市防汛进入关键时期。各级各部门要把思想和行动统一到习近平总书记重要指示精神上来，始终把人的安全摆在第一位，坚决克服麻痹思想、侥幸心理，立足防大汛、抢大险，把党中央、国务院部署要求落实落细落到位。

7月17日 天津市召开组织系统专题座谈会，深入学习贯彻习近平总书记在中央政治局第二十一次集体学习时的重要讲话精神。会议指出，党的十八大以来，习近平总书记坚定不移推进全面从严治党，以从严治吏匡正用人导向，推动党在革命性锻造中更加坚强。习近平总书记深刻阐明的新时代党的组织路线，是对马克思主义党建学说的开创性贡献，是习近平新时代中国特色社会主义思想的重要组成部分，为新时代党的建设和组织工作指明了前进方向。要深入学习领会习近平总书记重要讲话精神，牢牢把握"五个抓好"的重要要求，坚决贯彻落实好新时代党的组织路线，让党的组织肌体永葆生机活力，为推动习近平新时代中国特色社会主义思想在津沽大地的扎实实践提供坚强有力的组织保证。

同日 中共天津市委理论学习中心组举行集体学习，紧密结合学习《习近平谈治国理政》第三卷，认真学习领会习近平总书记关于党史、新中国史、改革开放史、社会主义发展史的重要论述，对全市深入抓好"四史"学习教育作出部署。会议指出，中国共产党已经走过了99年历史，这部近百年的革命史、斗争史、奋斗史，对于各级领导干部和全市广大党员是一剂最好的营养剂，我们要从中汲取真理营养、精神营养、红色基因营养。要增强中国特色社会主义道路自信、理论自信、制度自信、文化自信，矢志不渝坚定理想信仰信念，坚持用习近平新时代中国特色社会主义思想这一当代中国马克思主义、21世纪马克思主义武装头脑，做到学思用贯通、知信行统一。要深刻认识百年来我们党团结带领人民不畏艰险、顽强奋斗，用鲜血和汗水铸就的辉煌成就，发扬革命精神、斗争精神、奋斗精神，勇担新时代赋予我们的历史重任。要牢记共产党人的初心使命，赓续红色基因，加强党性锻炼和政治历练，不断提升政治境界、思想境界、道德境界，永葆共产党人的政治本色。

7月29日 中共天津市委常委会会议召开。会议传达学习贯彻习近平总书记在吉林考察时的重要讲话精神。会议指出，习近平总书记在吉林考察时就坚持新发展理念，推进东北振兴，谋划"十四五"，统筹推进常态化疫情防控和经济社会发展工作，走出一条质量更高、效益更好、结构更优、优势充分释放的发展新路提出重要要求，对全局工作具有重要指导意义。我们要胸怀"两个大局"，紧密结合天津市实际，切实抓好贯彻落实，以扎实工作成效体现增强"四个意识"、坚定"四个自信"、做到"两个维护"。

8月12日 天津市京津冀协同发展领导小组会议暨全市安全生产工作和天津港建设世界一流港口领导小组会议召开，深入学习贯彻习近平总书记视察天津港时的重要指示精神，加快推进智慧港口、绿色港口建设，努力实现更高质量、更可持续、更加安全的发展；研究部署全市安全生产工作，牢牢守住天津港安全生产底线，坚决确保社会大局稳定。

8月13日 中共天津市委常委会会议召开。会议传达学习贯彻习近平总书记对制止餐饮浪费行为作出的重要指示精神。会议学习贯彻《中国共产党基层组织选举工作条例》。会议就贯彻落实党中央和中央纪委部署要求，监督保障"六稳""六保"政策措施落地见效，一体推进不敢腐、不能腐、不想腐作出部署。

同日 中共天津市委理论学习中心组举行集体学习，结合认真学习《习近平谈治国理政》第三卷，深入开展"四史"学习教育，观看纪录片《奋进新时代》，重温党的十八大以来以习近平同志为核心的党中央团结带领全党全军全国各族人民奋进新时代的辉煌历程，接受思想教育和精神洗礼。

8月20日 中共天津市委常委会会议召开。会议学习贯彻《求是》杂志发表的习近平总书记重要文章《不断开拓当代中国马克思主义政治经济学新境界》，传达学习贯彻习近平总书记对研究生教育工作作出的重要指示。

同日 天津市人民政府新闻办公室召开新闻发布会，就"和平夜话"实践活动开展情况进行了介绍。自7月1日和平区启动开展"和平夜话"实践活动以来，截至目前，和平区已有7100余名党员干部参与，深入群众59000余次，与26900余名群众成为朋友，发现和解决群众难题10000余个。

8月27日 中共天津市委常委会会议召开。会议传达学习贯彻习近平总书记在安徽考察时和在扎实推进长三角一体化发展座谈会、经济社会领域专家座谈会上的重要讲话精神，传达学习贯彻习近平总书记在中国人民警察警旗授旗仪式上的训词精神和政法领域全面深化改革推进视频会精神等。

9月4日 中共天津市委常委会扩大会议召开。会议传达学习贯彻习近平总书记在中央第七次西藏工作座谈会、在纪念中国人民抗日战争暨世界反法西斯战争胜利75周年座谈会上的重要讲话精神。

同日 中共天津市委全面深化改革委员会会议召开。会议传达学习了习近平总书记在中央全面深化改革委员会第十四、十五次会议上的重要讲话精神，研究部署天津市贯彻落实工作。

9月10日 中共天津市委常委会扩大会议暨市防控领导小组和指挥部会议召开，传达学习贯彻习近平总书记在全国抗击新冠肺炎疫情表彰大会上的重要讲话精神，学习贯彻《习近平关于防范风险挑战、应对突发事件论述摘编》。会议指出，要深入学习贯彻习近平总书记在全国抗击新冠肺炎疫情表彰大会上的重要讲话精神，牢牢把握抗疫斗争的经验启示，在学深悟透、狠抓落实上下功夫，以实际成效体现增强"四个意识"、坚定"四个自信"、做到"两个维护"。要大力弘扬生命至上、举国同心、舍生忘死、尊重科学、命运与共的伟大抗疫精神，加大宣传力度，充分挖掘、生动讲好抗疫故事，激励广大党员干部群众向英雄模范学习，积极践行社会主义核心价值观，把抗疫斗争中激发出来的顽强不屈的意志和坚忍不拔的毅力传承下去，把精神力量转化为攻坚克难的强大势能。要统筹做好疫情防控和经济社会发展工作，毫不放松抓好常态化疫情防控，着力提高应对重大突发公共卫生事件的能力和水平，扎实做好"六稳"工作，全面落实"六保"

任务，在高质量发展上迈出新步伐。

9月16日 中共天津市委常委会会议召开。会议传达学习贯彻习近平总书记在科学家座谈会上的重要讲话精神。会议指出，习近平总书记的重要讲话深刻阐述了加快科技创新的重大战略意义，对解决制约科技创新发展的关键问题提出重要要求，勉励广大科学家和科技工作者大力弘扬科学家精神，不断向科学技术广度和深度进军，为我们落实好创新驱动发展战略、更好服务国家发展大局指明了前进方向，提供了根本遵循。要深入学习贯彻习近平总书记重要讲话精神，以更加具体化的思路措施，推动任务落实，确保取得扎实成效。要紧紧围绕创新第一动力，依靠改革激发科技创新活力，深化科技体制改革，在完善股权激励制度、推进科研院所改革、加快高校所属企业混改等方面，胆子要更大、步子要更大、力度要更大，破除制约科技创新的思想障碍和制度藩篱，最大限度激发科技作为第一生产力所蕴含的巨大潜能。

9月17日至18日 天津市党政代表团赴新疆和田地区学习考察，深入贯彻落实习近平总书记关于新疆工作重要指示要求和新时代党的治疆方略，全面落实决战决胜脱贫攻坚座谈会和第七次全国对口支援新疆工作会议精神，助力决胜脱贫攻坚战，深入扎实推动天津市对口援疆工作。

9月22日 中共天津市委常委会会议召开。会议传达学习贯彻习近平总书记在湖南考察和在基层代表座谈会上的重要讲话精神。

9月27日 天津市人民政府与中国石油化工集团有限公司签署战略合作框架协议。根据协议，双方将共同推进石油化工、天然气、氢能等领域合作，把天津南港工业区建设成为华北地区化工新材料基地和化工产品物流、销售中心。

10月9日 中共天津市委常委会会议召开。会议学习贯彻习近平总书记关于巡视工作重要论述和十九届中央第六轮巡视工作动员部署会精神，对全力配合中央巡视组开展工作提出要求。会议指出，巡视是党内监督的战略性制度安排，是国之利器、党之利器。党的十八大以来，以习近平同志为核心的党中央充分发挥巡视监督的"利剑"作用，以自我革命的决心意志，推动全面从严治党取得重大战略成果。十九届中央第六轮巡视将对天津市开展常规巡视，充分体现了党中央、习近平总书记对天津工作的高度重视和亲切关怀，是对我们增强"四个意识"、坚定"四个自信"、做到"两个维护"执行情况的监督检验，是对我们履行政治责任、领导责任、工作责任、主体责任情况的监督检验，为我们纠正政治偏差、查摆差距不足、剖析问题根源、切实改进工作提供了重大机遇。要站在"两个维护"的高度，深刻认识巡视是政治巡视、政治监督，必须以郑重严肃的态度接受"政治体检"，进一步提高政治站位，全力配合中央巡视组开展工作，以实际行动诠释对党绝对忠诚。

10月14日 中共天津市委常委会会议召开。会议深入学习贯彻习近平总书记关于全面从严治党的重要论述和中央纪委关于推进新时代纪检监察工作高质量发展的部署要求，听取全面推进天津公安体制机制改革情况的汇报。

10月22日 天津市抗击新冠肺炎疫情表彰大会隆重举行。249名劳动模范、50个模范集体和150名优秀共产党员、101个先进基层党组织受到表彰。会议强调，要深入贯彻落实习近平总书记在全国抗击新冠肺炎疫情表彰大会上的重要讲话精神，向英雄模范学习，大力弘扬伟大抗疫精神，勇担时代使命，不畏艰险，拼搏奋进，统筹推进疫情防控和经济社会发展，为决胜全面建成高质量小康社会、奋力开启全面建设社会主义现代化大都市新征程而努力奋斗。

10月23日 中共天津市委常委会扩大会议召开。会议学习贯彻习近平总书记在纪念中国人民志愿军抗美援朝出国作战70周年大会上的重要讲话和在深圳经济特区建立40周年庆祝大会上的重要讲话精神，传达学习贯彻习近平总书记关于保密工作的重要指示精神。会议指出，习近平总书记在纪念中国人民志愿军抗美援朝出国作战70周年大会上的重要讲话全面回顾总结抗美援朝战争的伟大胜利和巨大贡献，深刻阐述抗美援朝精神的历史意义和时代价值，令人热血沸腾、心潮澎湃，激励全国人民以钢铁意志、顽强品格、坚定决心克服前进路上的艰险和挑战，向着全面建设社会主义现代化国家新征程，向着实现中华民族伟大复兴的中国梦奋勇前进。

10月30日 中共天津市委常委会扩大会议召开。会议传达学习贯彻党的十九届五中全会精神。会议指出，党的十九届五中全会是在"两个一百年"奋斗目标历史交汇点上召开的一次十分重要的会议。全会高度评价决胜全面建成小康社会取得的决定性成就，统筹考虑"十四五"规划和2035年远景目标，对"十四五"时期我国发展作出战略部署，对于为全面建设社会主义现代化国家开好局、起好步，开辟中国特色社会主义新境界，实现中华民族伟大复兴的中国梦，具有十分重要的意义。习近平总书记的重要讲话高屋建瓴、总揽全局、思想深邃、内涵丰富，具有很强的政治性、思想性、战略性、前瞻性、指导性，为我们做好工作指明了前进方向、提供了根本遵循。全会通过的《中共中央关于制定国民经济和社会发展第十四个五年规划和二〇三五年远景目标的建议》，明确提出2035年基本实现社会主义现代化远景目标和"十四五"时期经济社会发展的指导思想、必须遵循的原则、主要目标、重点任务，是夺取全面建设社会主义现代化国家新胜利的纲领性文件。要认真学习领会党的十九届五中全会精神，切实增强"四个意识"、坚定"四个自信"、做到"两个维护"，把思想和行动高度统一到以习近平同志为核心的党中央决策部署上来，不折不扣抓好贯彻落实。

11月6日　中共天津市委召开专题会议，深入学习贯彻党的十九届五中全会精神和习近平总书记重要讲话精神。

11月11日　天津2020·中国企业家大会召开，来自全国的500多位企业家代表参加会议。会议强调，要深入贯彻落实党的十九届五中全会精神和习近平总书记重要讲话精神，坚定不移贯彻新发展理念，真心真诚服务企业，倾心倾力改善营商环境，充分发挥企业在构建新发展格局中的主力军作用，努力在开启全面建设社会主义现代化国家新征程中展现新作为、闯出新天地、再创新辉煌。

11月12日　中共天津市委常委会会议召开。会议传达学习贯彻习近平总书记对平安中国建设作出的重要指示精神，讨论天津市提升中华文化影响力、加强国际传播能力建设的实施方案。

11月20日　中共天津市委常委会扩大会议召开。会议传达学习贯彻习近平总书记在中央全面依法治国工作会议上的重要讲话精神，传达学习贯彻习近平总书记在江苏考察时和在浦东开发开放30周年庆祝大会上的重要讲话精神、对供销合作社工作重要指示精神。会议指出，习近平法治思想是顺应实现中华民族伟大复兴时代要求应运而生的重大理论创新成果，是马克思主义法治理论中国化的最新成果，是习近平新时代中国特色社会主义思想的重要组成部分，是新时代全面依法治国的根本遵循和行动指南。深入学习贯彻中央全面依法治国工作会议精神，首要的是认真学习领会习近平法治思想，在学懂弄通做实上下功夫，切实把习近平法治思想贯彻落实到全面依法治国全过程。

11月24日　中共天津市委常委会会议召开。会议学习贯彻习近平总书记关于精神文明建设的重要论述和全国精神文明建设表彰大会精神，学习贯彻习近平总书记在中央财经委员会第八次会议上的重要讲话精神。会议指出，要深入学习贯彻习近平总书记关于精神文明建设的重要论述，深刻认识到建设社会主义现代化国家是物质文明和精神文明协调发展的现代化，是促进物的全面丰富和人的全面发展的现代化，切实增强精神文明建设的积极性主动性创造性，为天津加快建设社会主义现代化大都市提供强大精神力量。

11月26日至27日 中共天津市委十一届九次全会召开。全会审议通过《中共天津市委关于制定天津市国民经济和社会发展第十四个五年规划和二〇三五年远景目标的建议》《天津市部分行政区域界线变更方案》和《中国共产党天津市第十一届委员会第九次全体会议决议》。

12月2日 中共天津市委常委会会议召开。会议学习贯彻习近平总书记在全国劳动模范和先进工作者表彰大会上的重要讲话精神。

12月4日 中共天津市委召开专题会议，深入学习领会习近平生态文明思想，深入贯彻落实党的十九届五中全会精神，研究部署天津市自然保护地规划管理和生态环境治理工作。会议指出，近年来，天津市牢固树立"绿水青山就是金山银山"理念，在完善国土空间规划和生态红线、依法加强生态环境治理等方面进行了有益探索。同时要清醒认识到，距离新时代党中央对生态文明建设的新要求和广大人民群众对改善生态环境质量的新期盼，天津市各项工作还存在差距。要深入贯彻落实党的十九届五中全会关于"推动绿色发展，促进人与自然和谐共生"的重要战略部署，毫不动摇坚持生态优先、绿色发展，遵循生态规律，严格保护各类自然保护地，确保落地落实，做到应保尽保，进一步加大环境污染治理力度，以推进生态文明建设的实际行动和扎实成效，体现增强"四个意识"、坚定"四个自信"、做到"两个维护"。

12月7日 天津市群众工作现场推进会在和平区召开。会议强调，要深入贯彻党的十九届五中全会精神，坚持以人民为中心的发展思想，进一步密切党同人民群众的血肉联系，用心用情用力服务百姓，扎实做好事关群众切身利益的民生实事，努力让人民群众的获得感成色更足、幸福感更可持续、安全感更有保障。

12月9日 中共天津市委理论学习中心组举行集体学习，深入学习贯彻党的十九届五中全会精神和习近平总书记重要讲话精神，落实市委十一届九次全会部署，进一步统一思想认识，保持战略定力，坚定信心决心，全面提高把握新发展阶段、贯彻新发展理念、构建新发展格局的能力和水平，全力推动党中央决策部署落地见效。

12月10日 天津市党员干部"讲担当、促作为、抓落实"动员会暨警示教育大会召开。会议以天津市查处的形式主义官僚主义、不作为、不担当问题反面典型为镜鉴，引导广大党员干部增强"四个意识"、坚定"四个自信"、坚决做到"两个维护"，勇于知重负重、担难担险、苦练事功、善于作为，切实提高把握新发展阶段、贯彻新发展理念、构建新发展格局的能力水平，为全面建设社会主义现代化大都市汇聚磅礴力量。

12月14日 中共天津市委常委会会议召开。会议传达学习贯彻习近平总书记对推进农村土地制度改革、做好农村承包地管理工作重要指示精神，学习贯彻习近平总书记关于教育评价改革的重要指示精神。

同日 据《天津日报》报道，北辰区宝翠花都社区党总支书记、居委会主任林则银创新探索"五常五送"工作法，把温暖送到了群众的心坎上。2019年，宝翠花都社区被评为五星社区，"五常五送"工作法在全市推广（"五常五送"即常敲空巢老人门，嘘寒问暖送贴心；常串困难群众门，排忧解难送爱心；常叩重点人群门，沟通疏导送舒心；常守居民小区门，打防管控送安心；常开休闲文明门，和谐追梦送欢心）。

本年　全市常住人口为1386.60万人，全市地区生产总值为14007.99亿元，全年农林牧渔业总产值为476.36亿元，全市工业增加值为4188.13亿元，全市一般公共预算收入为1923.11亿元，全市居民家庭人均可支配收入为43854元。

2021年

1月6日　天津市进一步优化营商环境工作会议召开。会议坚持以习近平新时代中国特色社会主义思想为指导，深入贯彻习近平总书记关于优化营商环境的重要论述，坚持问题导向、目标导向、结果导向，加快提升天津市市场化法治化国际化营商环境，激发企业发展活力，增强城市吸引力，推动构建新发展格局，加快高质量发展。

同日　天津市集成电路"芯火"双创基地（平台）宣告成立。集成电路产业是信创产业的核心组成部分，该基地（平台）的成立，将为做大做强天津市信创产业奠定基础。

1月7日　中共天津市委常委会扩大会议召开。会议传达学习习近平总书记在中央政治局民主生活会上的重要讲话和中央政治局民主生活会精神，传达学习习近平总书记在中央农村工作会议上的重要讲话和会议精神及全国巩固拓展脱贫攻坚成果同乡村振兴有效衔接工作会议精神，研究天津市贯彻落实措施。会议指出，习近平总书记在中央政治局民主生活会上的重要讲话，就加强政治建设、提高政治能力、坚守人民情怀提出明确要求，高屋建瓴、内涵丰富、思想深邃，具有很强的针对性、指导性和实践性，为进一步加强党的建设提供了根本遵循。

1月8日　加强滨海新区与中心城区中间地带规划管控建设绿色生态屏障工作领导小组召开会议，听取绿化、环保、工业园区治理等专项规划汇报，研究部署下一步重点任务。会议指出，规划建设绿色生态屏障是天津市深入学习贯彻习近平生态文明思想的实际行动，是加快完善城市布局、推动城市发展绿色转型、构建"津城""滨城"双城格局的主动之为和先手棋。要深入学习贯彻党的十九届五中全会精神，牢固树立"绿水青山就是金山银山"理念，保持战略定力，一张蓝图干到底，接续努力奋斗，把绿色生态屏障打造成为生态资源富集的"绿谷"、引领转型发展的"绿峰"，为子孙后代留下宝贵的绿色发展空间。

1月20日 中共天津市委常委会会议召开。会议传达学习贯彻习近平总书记在中央政治局第二十六次集体学习时的重要讲话精神，会议学习贯彻《中国共产党中央委员会工作条例》，传达学习贯彻全国统战部长会议和2021年对台工作会议、全国宣传部长会议精神，讨论天津市2021年20项民心工程。会议指出，要切实把思想认识行动高度统一到习近平总书记重要讲话精神和党中央决策部署上来，坚决贯彻总体国家安全观，更好地统筹发展和安全，增强"四个意识"、坚定"四个自信"、做到"两个维护"，坚决当好首都政治"护城河"。

同日 天津市人民政府新闻办举行新闻发布会，宣布《天津市国企改革三年行动实施方案（2020—2022年）》印发实施。该方案从八个方面把国企改革创新不断引向深入，到2022年底，在企业管理、结构布局、活力效率提升、监管体制等四个方面取得明显成效，75%以上的国有资本将集中到城市基础设施、公共服务、现代服务业和战略性新兴产业等重要行业和关键领域。

1月21日 中共天津市委常委会召开会议，传达学习贯彻习近平总书记在中央政治局第二十六次集体学习时的重要讲话精神。会议学习贯彻《中国共产党中央委员会工作条例》，传达学习贯彻全国统战部长会议和2021年对台工作会议、全国宣传部长会议精神，讨论天津市2021年20项民心工程。

1月29日 中共天津市委常委会扩大会议召开。会议传达学习贯彻习近平总书记在十九届中央纪委五次全会上的重要讲话精神和中央纪委全会精神。会议指出，十九届中央纪委五次全会是在实施"十四五"规划开局、全面建设社会主义现代化国家起步的关键时刻召开的一次重要会议。习近平总书记的重要讲话深刻阐述全面从严治党新形势新任务，高屋建瓴、思想深邃、内涵丰富，具有很强的政治性、思想性、指导性，是推进全面从严治党向纵深发展的重要遵循。

2月4日 中共天津市纪委十一届九次全会召开。会议强调，要认真贯彻落实习近平总书记在十九届中央纪委五次全会上的重要讲话精神，坚定政治方向，保持政治定力，不断提高政治判断力、政治领悟力、政治执行力，以系统施治、标本兼治的理念正风肃纪反腐，坚定不移推进全面从严治党向纵深发展，为"十四五"开好局起好步、开启全面建设社会主义现代化大都市新征程提供坚强保障，以优异成绩庆祝中国共产党成立100周年。

同日 据《天津日报》报道，"十三五"以来，天津市利用中央和市两级财政资金553.7亿元支持乡村振兴，平均每年110.74亿元，加大对农业、水务、气象等领域投入力度，持续为全面实施乡村振兴战略打基础、开好局。

2月8日 中共天津市委常委会会议召开。会议学习贯彻习近平总书记在贵州考察调研时重要讲话精神。会议指出，春节即将到来之际，习近平总书记深入贵州农村、社区、超市等考察调研，给各族干部群众送去新年的美好祝福和党中央的关怀慰问，提出重要要求，对全局工作具有重要指导意义，充分彰显了习近平总书记对人民群众的无疆大爱。要深入学习领会习近平总书记重要讲话精神，紧密结合天津实际，全力抓好贯彻落实。要坚持以人民为中心的发展思想，把共同富裕作为重要目标，办好民生实事，不断增强人民群众的获得感、幸福感、安全感。

同日　中共天津市委常委会会议召开。会议学习贯彻习近平总书记关于巡视工作的重要讲话精神，研究部署中央第十一巡视组反馈意见整改落实工作。会议指出，要切实把思想和行动统一到习近平总书记关于巡视工作的重要讲话和党中央的部署要求上来，乘中央巡视反馈意见整改的强劲东风，全力加强党的政治建设，以强有力的政治执行力狠抓重点任务落实。

同日　中共天津市委常委会会议召开。会议深入学习贯彻习近平生态文明思想，研究部署中央第二生态环境保护督察组反馈意见整改落实工作。会议指出，把抓好中央环保督察整改落实作为学习贯彻习近平生态文明思想和党的十九届五中全会精神的重要举措，作为检验各级党政领导干部政治判断力、政治领悟力、政治执行力的重要标尺，即知即改、立行立改，确保整改任务落实落细、见底到位。

同日　天津市2021年第一批重大项目集中开工活动在天津港保税区空港经济区举行。此次新开工项目总投资额超过2540亿元，其中10亿元以上项目总投资额占比超八成，规模大、支撑强、结构优、质量好，涵盖信创、生物医药、新能源等战略性新兴产业。

2月10日　中共天津市委常委会召开2020年度民主生活会暨巡视整改专题民主生活会，紧扣认真学习贯彻习近平新时代中国特色社会主义思想，学习贯彻习近平总书记关于巡视工作的重要讲话和重要指示批示精神，加强政治建设，提高政治能力，坚守人民情怀，抓好中央第十一巡视组对天津巡视反馈意见的整改落实，夺取全面建成小康社会、实现第一个百年奋斗目标的伟大胜利，开启全面建设社会主义现代化国家新征程这一主题，结合市委常委会班子工作，联系个人思想和工作实际，进行自我检查、党性分析，严肃认真开展批评和自我批评。

2月18日 中共天津市委理论学习中心组举行专题会议，深入学习贯彻党的十九届五中全会精神和习近平总书记在省部级主要领导干部专题研讨班、中央政治局第二十七次集体学习等一系列重要讲话精神，进一步深化思想认识，更加自觉地把握新发展阶段、贯彻新发展理念、构建新发展格局，紧密结合天津实际，推动党中央决策部署落地落实，确保"十四五"开好局、起好步。

同日 中共天津市委全面深化改革委员会召开会议，传达学习贯彻习近平总书记在中央全面深化改革委员会第十七次会议上的重要讲话精神。

2月19日 天津市"十四五"规划重点任务推动落实现场会在国家会展中心建设现场召开，深入贯彻落实党的十九届五中全会和中央经济工作会议精神，鼓足干劲、提气提神，加快全市"十四五"重点任务建设，推动全年工作开好局、起好步。

2月20日 中央第十一巡视组反馈意见整改落实工作动员大会召开。会议指出，抓好巡视整改是贯彻落实习近平总书记关于巡视工作的重要讲话和重要指示精神的具体行动，是增强"四个意识"、坚定"四个自信"、坚决做到"两个维护"的具体体现，是推进全面从严治党、深化自我革命的强劲东风，是助推天津高质量发展的强大驱动力。要深入学习贯彻习近平新时代中国特色社会主义思想特别是关于巡视工作的重要论述，把巡视整改作为必须履行的政治责任和政治使命，作为必须严守的政治纪律、政治规矩，作为政治判断力、政治领悟力、政治执行力的现实检验，把牢政治方向，强化政治担当，以对党中央负责、对党和人民事业负责的精神抓好巡视整改，刀刃向内、刮骨疗毒，以巡促改、以改促进，切实做好巡视"后半篇文章"，向党中央、向全市人民交上一份合格答卷。

2月21日 工业和信息化部印发通知，支持创建天津（滨海新区）、北京、杭州、广州、成都等5个国家人工智能创新应用先导区，这是继上海（浦东新区）、深圳、济南—青岛3个先导区后，工信部发布的第二批国家人工智能创新应用先导区名单。至此，天津市成为目前为止国内唯一一个拥有双先导区的省份。2020年天津（西青）已成功获批国家级车联网先导区。

2月22日　中共天津市委常委会会议召开。会议深入学习贯彻习近平总书记在党史学习教育动员大会上的重要讲话精神和《中共中央关于在全党开展党史学习教育的通知》精神，研究部署贯彻落实和开展党史学习教育工作。会议指出，习近平总书记在党史学习教育动员大会上的重要讲话，深刻阐述了开展党史学习教育的重大意义，深刻阐明了党史学习教育的重点和工作要求，对党史学习教育进行了全面动员和部署，为我们开展好党史学习教育指明了方向，提供了根本遵循。要深入学习贯彻习近平总书记重要讲话精神，精心组织开展天津市党史学习教育，教育引导广大党员干部群众知史爱党、知史爱国，汇聚起奋斗"十四五"、奋进新征程的磅礴力量。

2月25日　京津冀协同发展产业投资基金在滨海高新区正式注册设立。该基金总规模500亿元，首期规模100亿元，重点围绕京津冀协同发展战略核心即疏解北京非首都功能服务，主要支持北京城市副中心、天津滨海新区、河北雄安新区等重点功能承接平台建设开展投资。

2月26日　天津市召开专题会议研究碳达峰、碳中和工作。会议强调，要以实现碳达峰、碳中和目标为契机，将达峰目标与"十四五"规划纲要、能耗"双控"目标、重大工程项目相衔接，科学研究指标体系，制定管用政策措施，形成完善的行动方案。既要做好清洁能源"加法"，又要做好减煤降耗"减法"，持续调整优化产业结构，发展光伏、氢能、绿色节能等环保产业，加快石化等传统产业改造升级，紧盯高耗能重点领域，进一步压减煤炭消费，加大绿色电力调入比例。各级各部门要坚持系统谋划、担当作为，以高品质生态环境、高质量产业发展让老百姓感受到实实在在的变化。

3月1日 天津市党史学习教育动员部署会召开。会议认真学习贯彻习近平总书记在党史学习教育动员大会上的重要讲话精神，对天津市开展党史学习教育进行动员部署。会议指出，习近平总书记在党史学习教育动员大会上的重要讲话，站在新时代党和国家事业发展全局的高度，深刻阐述了开展党史学习教育的重大意义、重点内容和工作要求，高屋建瓴、视野宏大、立意深远，具有很强的政治感召力、思想引领力、历史穿透力、实践指导力，为我们开展好党史学习教育指明了方向，提供了根本遵循。全市各级党组织和广大党员、干部要切实把思想和行动高度统一到习近平总书记重要讲话精神和党中央决策部署上来，深入学习领会习近平总书记关于党史的重要论述，高标准高质量扎实开展党史学习教育，学史明理、学史增信、学史崇德、学史力行，做到学党史、悟思想、办实事、开新局，以优异成绩迎接中国共产党成立100周年。

同日 中共天津市委常委会会议召开。会议学习贯彻习近平总书记在全国脱贫攻坚总结表彰大会上的重要讲话精神和习近平总书记在中央政治局第二十五次集体学习时的重要讲话精神，研究天津市贯彻落实措施。会议指出，习近平总书记在全国脱贫攻坚总结表彰大会上的重要讲话，庄严宣告脱贫攻坚战取得全面胜利，从全面建成小康社会、实现第一个百年奋斗目标的战略高度，充分肯定了脱贫攻坚取得的伟大成绩，深刻总结了脱贫攻坚的光辉历程和宝贵经验，深刻阐述了伟大脱贫攻坚精神，对巩固拓展脱贫攻坚成果、走中国特色社会主义乡村振兴道路、促进全体人民共同富裕提出了明确要求。

3月2日 天津市农村工作会议暨巩固拓展脱贫攻坚成果同乡村

振兴有效衔接工作会议、市委农村工作领导小组会议、市乡村振兴战略实施工作领导小组会议、市扶贫协作和支援合作工作领导小组会议合并召开。会议认真学习贯彻习近平总书记在中央农村工作会议和全国脱贫攻坚总结表彰大会上的重要讲话精神，研究部署新发展阶段天津市"三农"工作。会议强调，各级各部门要切实提高政治站位，增强"四个意识"、坚定"四个自信"、坚决做到"两个维护"，把思想和行动统一到习近平总书记关于"三农"工作和脱贫攻坚的一系列重要论述上来，做好新阶段"三农"工作，巩固拓展脱贫攻坚成果，全面推进乡村振兴。

3月3日 天津市召开落实"制造业立市"部署推动工业和信息化发展工作会议。会议指出，2021年，天津市工业将从着力加快新动能引育，提升产业创新能力入手，一手抓工业战略性新兴产业培育，做大新动能底盘；一手抓传统产业升级，稳住工业经济基本盘，全年规模以上工业增加值将实现7.5%的增长，工业固定资产投资将增长9%，制造业投资将增长10%。

3月6日 出席十三届全国人大四次会议的天津代表团举行全体会议，学习习近平总书记在参加内蒙古代表团审议时的重要讲话精神。会议指出，习近平总书记的重要讲话，围绕贯彻新发展理念、融入新发展格局、铸牢中华民族共同体意识、抓好党史学习教育作出深刻阐述，提出重要要求，对于全局工作具有十分重要的指导意义。我们要深入学习领会习近平总书记重要讲话精神，对"国之大者"心中有数，自觉把各项重要要求贯彻落实到天津工作之中。

3月7日 出席十三届全国人大四次会议的天津代表团举行分组会议，学习习近平总书记在看望参加政协会议的医药卫生界、教育界委员时的重要讲话精神。

3月8日 出席十三届全国人大四次会议的天津代表团举行分组

会议，认真学习习近平总书记在参加青海代表团审议时的重要讲话精神。

3月12日 中共天津市委常委会扩大会议召开。会议传达学习贯彻习近平总书记全国两会期间一系列重要讲话精神。会议指出，这次全国两会是在全面建设社会主义现代化国家开局起步阶段召开的一次重要会议，擘画了我国未来发展宏伟蓝图，明确了2021年目标任务，通过了关于修改全国人大组织法和全国人大议事规则的决定和关于完善香港特别行政区选举制度的决定，取得重大成果。习近平总书记在两会期间发表的一系列重要讲话，高瞻远瞩、总揽全局、举旗定向，为在新发展阶段做好各项工作指明了前进方向、提供了根本遵循。过去一年极不平凡，我国创造率先控制疫情的奇迹、消除绝对贫困的奇迹、全球主要经济体唯一正增长的奇迹，根源于习近平总书记的英明、高超、卓越的领导能力和执政能力，根源于习近平新时代中国特色社会主义思想的科学指引，根源于中国特色社会主义制度的无比优越性。要深入学习领会习近平总书记在两会期间的重要讲话精神，深刻认识全国两会取得的重大成果，切实把思想和行动统一到党中央决策部署上来，胸怀中华民族伟大复兴战略全局和世界百年未有之大变局，进一步增强"四个意识"、坚定"四个自信"、坚决做到"两个维护"，强化担当作为，确保全国两会精神落实，为实现"十四五"开好局、起好步贡献力量，以优异成绩庆祝建党100周年。

3月17日 天津市人民政府与中国联合网络通信有限公司签署战略合作协议，双方将开展5G新基建、工业互联网、数据中心和数字城市等领域合作，共同建设"数字天津""人工智能先锋城市"和"全5G城市"。

3月18日 中共天津市委、市人民政府推进京津冀协同发展领导小组召开会议，深入学习贯彻习近平总书记关于京津冀协同发展的重要讲话和重要指示批示精神，传达学习京津冀协同发展领导小组会议精神，研究部署天津市贯彻落实工作。

同日 中共天津市委常委会会议召开。会议学习贯彻习近平总书记在中央政治局第二十七次集体学习时的重要讲话精神。会议指出，要深入贯彻落实习近平总书记在中央政治局第二十七次集体学习时的重要讲话精神，从讲政治的高度，从增强"四个意识"、做到"两个维护"的高度，贯彻新发展理念，提高政治判断力、政治领悟力、政治执行力，树立正确政绩观，坚定不移把新发展理念贯彻到经济社会发展全过程和各领域。要完整准确全面贯彻新发展理念，真正融入思想、理念、精神、文化和制度机制等各个层面，在决心、力度上体现真贯彻、真落实，坚决摒弃旧观念、老套路，积极主动创新举措招法，切实解决影响阻碍高质量发展的突出问题。坚持以人民为中心的发展思想，践行共享发展理念，让改革发展成果惠及更多人民群众。大力推动创新发展，坚持制造业立市，推动产业结构转型升级。牢固树立"绿水青山就是金山银山"理念，推进重大生态工程建设，扎实做好碳达峰、碳中和各项工作，加快形成节约资源和保护环境的产业结构、生产方式、生活方式、空间格局。

3月26日 中共天津市委常委会会议暨市委教育工作领导小组会议召开，传达学习贯彻习近平总书记在福建考察时的重要讲话和在中央政治局第二十三次集体学习时的重要讲话精神。会议指出，习近平总书记深入福建考察，就贯彻党的十九届五中全会精神、推动"十四五"开好局起好步、统筹推进常态化疫情防控和经济社会发展等进行调研，提出一系列重要要求，对全国具有很强的指导意义。要深入学习领会，结合天津实际抓好贯彻落实，进一步增强"四个意识"、坚定"四个自信"、坚决做到"两个维护"，努力在服务和融入新发展格局上展现更大作为。

4月1日 中共天津市委、市人民政府召开长城、大运河文化保护传承利用工作专题会议,合并召开市大运河文化保护传承利用暨长城、大运河国家文化公园建设领导小组会议。会议听取天津市大运河文化保护传承利用工作进展和下一步工作安排,听取大运河主题文艺作品创作、文化内涵挖掘和宣传、文化遗产保护,大运河适宜河段旅游通水通航,大运河绿色生态廊道建设等情况汇报,研究讨论了杨柳青大运河国家文化公园规划设计方案和长城国家文化公园(天津段)建设工作。

4月6日 中共天津市委常委会扩大会议暨市委全面依法治市委员会会议召开。会议深入学习贯彻习近平总书记在中央全面依法治国工作会议上的重要讲话精神。会议讨论落实任务分工方案、《法治天津建设规划(2021—2025年)》《天津市法治社会建设实施纲要(2021—2025年)》;听取关于2020年度法治政府建设情况与2021年度重点工作的汇报;讨论2021年天津市党内法规制定计划;听取关于天津市委全面依法治市委员会2020年工作情况的汇报;讨论2021年工作要点。

同日 天津市政法队伍教育整顿工作推进会召开,深入贯彻落实习近平总书记重要指示精神和党中央决策部署,认真学习贯彻全国第一批政法队伍教育整顿工作推进会精神,总结天津市学习教育环节工作,部署查纠整改环节任务,纵深推进天津市教育整顿工作。

4月8日 中共天津市委理论学习中心组举行集体学习,深入学习贯彻习近平总书记在中央农村工作会议上的重要讲话精神和党中央关于全面推进乡村振兴、加快农业农村现代化的部署要求,全力推动天津市"三农"工作。

同日 天津市人民政府与华为技术有限公司签署深化战略合作协议。双方将进一步加快数字产业化和产业数字化转型,推进"十四五"时期"数字天津"建设,为天津引育新动能加快高质量发展提供有力支撑。华为公司将加大在津投资力度,基于天津鲲鹏生态创新中心和华为软件开发云创新中心,推动公安、医疗、社保、教育、城市规划等23个人工智能应用场景运营平台落地。

4月12日 中共天津市委常委会会议召开。会议传达学习了习近平总书记关于革命文物工作重要指示精神和全国革命文物工作会议精神,学习贯彻党中央关于加强对"一把手"和领导班子监督的部署要求,研究天津市贯彻落实措施。会议指出,要深入学习贯彻习近平总书记关于革命文物工作的重要指示精神和党中央的决策部署,进一步提高政治站位,充分认识革命文物在弘扬革命传统和革命文化、加强社会主义精神文明建设、激发爱国热情、振奋民族精神中的重要意义,统筹做好革命文物的保护、管理和运用。要发挥好革命文物在党史学习教育、革命传统教育、爱国主义教育等方面的重要作用,紧密结合庆祝建党一百周年,通过形式多样的展现手段,讲好生动感人的革命历史故事,增强革命传统和革命文化教育的感染力、号召力。各级党委和政府要把革命文物保护利用工作列入重要议事日程,严格落实革命文物保护传承工作责任,深化研究挖掘红色资源,加强对革命文物系统性保护。要高水平做好天津革命军事馆筹建工作,力求体现军事特征、历史特点、天津特色,打造国防教育的重要基地。

同日 天津市人民政府与华润(集团)有限公司签署战略合作框架协议。"十四五"期间,华润集团将加快在津产业布局,将部分二、三级企业区域总部机构迁入天津,大力推进重点项目建设,支持天津改革开放,助推京津冀协同发展。根据协议,双方将共同努力,加大投资合作力度,延伸华润集团在津业务,开展多领域深度合作。

4月14日 自2020年7月1日"和平夜话"实践活动启动以来,

和平区以"和平夜话"实践活动为"圆心",各部门不断拓展形式、丰富载体,推动"和平夜话"实践活动持久、深入开展,画出了服务群众的最大"同心圆"。截至目前,全区干部累计参加实践活动共计21万余次,与群众结交朋友9.7万余人,解决群众难题6.1万余个。

4月15日 中共天津市委党史学习教育领导小组召开会议,学习贯彻中央党史学习教育领导小组关于"我为群众办实事"实践活动工作部署,审议天津市实施方案。会议指出,开展好"我为群众办实事"实践活动,是党史学习教育的重要内容。要深入学习贯彻习近平总书记关于党史学习教育的重要讲话精神,认真学习感悟习近平总书记对人民的无疆大爱和人民至上的公仆情怀,树牢共产党人的历史观、群众观,坚持群众路线,做到知行合一,把"我为群众办实事"实践活动摆在突出位置抓实抓好,把学习党史同总结经验、坚定信念、推动工作结合起来,把党的初心使命、为民宗旨、群众观念落实到具体行动中,矢志不渝地服务人民、造福人民。

4月19日 天津市领导干部学习贯彻党的十九届五中全会精神专题研讨班开班式在市委党校举行。会议指出,党的十九届五中全会是在党和国家事业处于"两个一百年"奋斗目标的历史交汇点上,召开的一次具有标志性、里程碑意义的重要会议。要深入贯彻落实党的十九届五中全会和习近平总书记重要讲话精神,增强"四个意识"、坚定"四个自信"、做到"两个维护",立足新发展阶段、贯彻新发展理念、构建新发展格局,不断增强政治判断力、政治领悟力、政治执行力,奋力开启全面建设社会主义现代化国家新征程。

4月20日 中国政府网发布《国务院关于同意在天津、上海、海南、重庆开展服务业扩大开放综合试点的批复》,天津市成为继北京之后第二批开展服务业扩大开放综合试点之一,试点期为自批复之日起3年。天津市服务业扩大开放综合试点总体方案将聚焦数字、金融、物流、贸易、信息服务、医疗健康、教育等领域，通过深化重点领域改革，提升天津服务业的国际竞争力和整体发展水平。

4月23日 天津市进一步深化国有企业改革动员部署会召开。会议深入学习贯彻习近平总书记关于国有企业改革发展和党的建设的重要论述，全面落实中央国企改革三年行动方案，对全市进一步深化国企改革作出部署安排。会议提出，把学习贯彻习近平总书记关于国有企业改革发展和党的建设的重要论述作为落实国企改革三年行动的首要任务，抢抓时代机遇，明确改革方向，推动天津国企加快发展、再创辉煌，切实发挥国有经济战略支撑作用。

4月27日至28日 天津市党政代表团赴甘肃省武威市学习考察，深入贯彻落实习近平总书记在全国脱贫攻坚总结表彰大会上的重要讲话精神和对深化东西部协作和定点帮扶工作重要指示要求，以农业高质高效、乡村宜居宜业、农民富裕富足为目标，深化东西部协作，进一步推动巩固拓展脱贫攻坚成果同乡村振兴有效衔接工作。

4月29日 中共天津市委常委会会议召开。会议学习贯彻习近平总书记在广西考察时的重要讲话精神。会议指出，习近平总书记在广西考察时就贯彻党的十九届五中全会精神、开展党史学习教育、推动"十四五"开好局起好步等提出一系列重要要求，对于做好全局工作具有重要指导意义。要深入学习领会，结合天津市实际，切实抓好贯彻落实，不断提高政治判断力、政治领悟力、政治执行力，以工作实效体现增强"四个意识"、坚定"四个自信"、做到"两个维护"。要扎实开展党史学习教育，多种形式讲好生动感人的革命历史故事，铭记和发扬先烈英雄"革命理想高于天"的崇高精神，教育引导党员干部赓续共产党人精神血脉，筑牢初心使命，凝聚起一往无前、勇于战胜前进道路上各种重大风险挑战的精神力量。要坚定不移推动高质量发展，完整、准确、全面贯彻新发展理念，深入落实京津冀协同发展重大国家战略，坚持制造业立市，推动全产业链优化升级，在服务和融入新发展格局上展现新作为。坚持生态优先、绿色发展，扎实落实"双碳"目标任务，全力推动经济社会发展全面绿色转型。要深入实施乡村振兴战略，紧紧围绕农业高质高效、乡村宜居宜业、农民富裕富足，巩固拓展天津市结对帮扶困难村成果，推动乡村全面振兴。

5月10日 中共天津市委理论学习中心组举行集体学习，深入学习领会习近平总书记关于加强和改进统一战线工作的重要思想，认真学习贯彻党中央修订后的《中国共产党统一战线工作条例》，不断提高天津市统战工作的质量和水平。

同日 天津市人民政府与中国医学科学院北京协和医学院签署合作协议，双方将共建中国医学科技创新体系核心基地天津基地（中国医学科学院天津医学健康研究院、北京协和医学院天津校区）。

5月11日 天津市人民政府与中国科学院签署战略合作协议。根据新一轮战略合作协议，双方将围绕国家及京津冀协同发展重大需求，立足天津"一基地三区"功能定位，探索"互利共赢"的市院合作新模式，高标准共建国家合成生物技术创新中心等国家重大技术创新平台，努力营造一流的科技创新生态环境，共同推动区域创新链与产业链深度融合，联合引进和培养高端科技领军人才、复合型创业团队和青年科技人才后备军，推动天津市经济社会高质量发展，深化落实国家战略。

5月14日 《天津市制造强市建设三年行动计划（2021—2023年）》和《天津市产业链高质量发展三年行动方案（2021—2023年）》正式印发实施。按照该行动计划与行动方案，未来三年，天津市将集中攻坚10条重点产业链，到2023年，10条产业链将带动重点产业规模达到1.25万亿元。

5月18日 中共天津市委常委会扩大会议召开。会议传达学习了习近平总书记在推进南水北调后续工程高质量发展座谈会上重要讲话精神，研究部署天津市贯彻落实工作。会议指出，南水北调是造福民族、造福人民的民生工程，充分体现了中国特色社会主义制度的优越性。习近平总书记在推进南水北调后续工程高质量发展座谈会上的重要讲话，深入分析了南水北调工程面临的新形势新任务，总结经验，指出问题，提出重要要求，为我们做好"十四五"时期水利工作指明了前进方向、提供了根本遵循，要认真学习领会，坚决贯彻落实。

5月20日　第五届世界智能大会在天津市开幕。大会以"智能新时代：赋能新发展、智构新格局"为主题，线上线下融合，实现"百网同播，千人同屏，亿人同观"，其间举办平行论坛、智能科技展、赛事、智能体验、签约等活动。

5月24日　中共天津市委在市委党校举办党员领导干部学习贯彻习近平总书记关于网络强国的重要思想专题研讨班，分析互联网领域风险挑战和网络舆情应对形势，就加强党对网信工作的集中统一领导，切实提升各级领导干部管网治网用网和网络舆情应对能力，做好新时代网络安全和信息化工作进行深入学习研讨。

5月27日　中共天津市委常委会会议召开。会议学习贯彻习近平总书记在中央政治局第二十八次集体学习时的重要讲话精神，研究天津市贯彻落实措施。会议指出，习近平总书记在中央政治局第二十八次集体学习时的重要讲话，系统总结建设中国特色社会保障体系成功经验，对"十四五"乃至更长时期社会保障事业发展提出明确要求，为做好社会保障工作指明了前进方向、提供了根本遵循，要深刻学习领会，不折不扣抓好贯彻落实。

5月28日　中共天津市委理论学习中心组举行专题学习，深入学习贯彻习近平总书记关于党史学习教育的重要论述，回顾党领导人民探索、开创和发展中国特色社会主义的伟大历程和伟大成就，深刻领会中国共产党为什么能、马克思主义为什么行、中国特色社会主义为什么好，立足新时代，担当新使命，展现新作为。会议指出，中国特色社会主义是根植于中国大地、根植于中华优秀传统文化，反映中国人民意愿、适应中国和时代发展要求的科学社会主义。党的十八大以来，以习近平同志为核心的党中央统揽伟大社会革命和伟大自我革命，统筹推进改革发展稳定、内政外交国防、治党治国治军，推动党和国家事业取得了历史性成就、发生了历史性变革，把中国特色社会主义不断推向新境界。要深刻认识到，有习近平总书记掌舵领航是国家之幸、民族之幸、人民之幸，必须坚持以习近平新时代中国特色社会主义思想为指引，切实增强"四个意识"、坚定"四个自信"、做到"两个维护"，以强烈的使命担当把新时代中国特色社会主义推向前进。

6月2日 天津市脱贫攻坚总结表彰大会举行。会议强调，要深入学习贯彻习近平总书记在全国脱贫攻坚总结表彰大会上的重要讲话精神，大力弘扬脱贫攻坚精神，向先进典型看齐，乘势而上、接续奋斗，全面推进乡村振兴，奋力谱写全面建设社会主义现代化大都市新篇章。会议指出，在打赢脱贫攻坚战的历史伟业中，全市上下深入学习贯彻习近平总书记关于扶贫工作的重要论述和重要指示批示精神，坚决落实党中央决策部署，把东西部扶贫协作和对口支援作为应尽职责、分内之事，按照"升级加力、多层全覆盖、有限无限相结合"的工作思路，倾心倾情倾力高质量推进各项工作，助力甘肃、新疆、西藏、青海、河北五省区50个贫困县如期摘帽，335万贫困人口全部脱贫，圆满完成党中央交办的光荣政治任务。在天津市结对帮扶困难村工作中，市、区2095名驻村干部组成688个工作组，与基层干部群众共同奋战，推动1041个困难村全面实现"三美四全五均等"。

6月8日 中共天津市委、天津市人民政府召开专题会议，深入学习贯彻习近平总书记关于土地管理和耕地保护的重要指示精神，研究部署天津市土地资源保护利用工作。会议指出，土地是最为宝贵的资源，耕地是保障国家粮食安全的基石。党的十八大以来，习近平总书记高度重视土地管理、耕地保护，多次作出重要指示、提出重要要求，为我们做好土地资源保护利用工作指明了方向、提供了根本遵循，要切实提高政治站位，增强责任感和使命感，进一步抓好贯彻落实，以实际行动坚决做到"两个维护"。

6月10日 中共天津市委常委会会议召开。会议传达学习习近平总书记在青海考察时重要讲话精神，研究部署天津市贯彻落实工作。会议指出，习近平总书记在青海考察期间提出了一系列重要要求，对做好全局工作、天津工作具有重要指导意义。要不断提高政治判断力、政治领悟力、政治执行力，结合天津市实际认真抓好贯彻落实，以推动绿色发展、高质量发展的实际成效体现增强"四个意识"、坚定"四个自信"、做到"两个维护"，以优异的成绩迎接建党100周年。

6月16日 天津市"两优一先"表彰大会隆重召开。会议宣布中共天津市委关于表彰天津市优秀共产党员、天津市优秀党务工作者和天津市先进基层党组织的决定。市领导同志为"光荣在党50年"老党员代表颁发纪念章，为受表彰的市优秀共产党员、优秀党务工作者和基层先进党组织代表颁奖。会议指出，全市各级党组织和广大党员干部要以今天受到表彰的先进个人和先进集体为榜样，以实际行动诠释新时代共产党人信念坚定、对党忠诚、勇于担当、无私奉献的崇高品格，为鲜红的党旗增添夺目的光彩。

6月17日 中共天津市委常委会会议召开。会议学习贯彻习近平总书记在中央政治局第二十九次集体学习时的重要讲话精神，研究天津市贯彻落实措施。会议指出，习近平总书记的重要讲话，深刻阐释生态环境保护和经济发展辩证统一、相辅相成的关系，深入分析我国"十四五"时期生态文明建设面临的新形势，对推动建设人与自然和谐共生的现代化提出重要要求，为我们做好生态文明建设工作提供了根本遵循，必须认真学习领会，坚决贯彻落实。

6月18日 中共天津市委理论学习中心组集体学习暨天津市推进碳达峰碳中和工作会议、市推进碳达峰碳中和工作领导小组会议合并召开，深入学习贯彻习近平生态文明思想和习近平总书记关于碳达峰碳中和工作的重要指示精神，贯彻落实党中央决策部署，推进实现天津市"双碳"工作目标。

6月22日 中共天津市委全面深化改革委员会召开会议，传达学习习近平总书记在中央全面深化改革委员会第十九次会议上的重要讲话精神，研究天津市贯彻落实工作。会议指出，习近平总书记在中央全面深化改革委员会第十九次会议上的重要讲话，提出了一系列新要求，具有很强的政治性、战略性、针对性、指导性，为我们谋划实施好相关改革工作提供了重要遵循。要认真学习领会，结合天津市实际，抓好贯彻落实，强化跟踪督办，推动各项改革任务落地见效。要大力推进科技改革创新，坚决破除制约产学研相结合的体制机制障碍，以创新成果应用为牵引，提升各领域协同系统集成创新能力和水平。

6月23日 中共天津市委、市人民政府安全生产工作专题会议暨市安全生产委员会会议以视频会形式召开，深入贯彻落实习近平总书记关于安全生产工作的一系列重要讲话和重要指示精神，对做好当前全市安全生产工作进行再动员、再部署、再落实，为建党百年营造安全稳定的良好环境。

6月28日 天津市庆祝中国共产党成立100周年党史学习教育专题党课在市委党校以电视电话会议形式举行。会议强调，要深入学习贯彻习近平总书记在党史学习教育动员大会上的重要讲话和关于中国共产党历史的一系列重要论述精神，不断增强"四个意识"、坚定"四个自信"、做到"两个维护"，切实提升政治判断力、政治领悟力、政治执行力，牢记初心使命、赓续红色血脉，做到学史明理、学史增信、学史崇德、学史力行，为全面建设社会主义现代化大都市、实现中华民族伟大复兴不懈奋斗。

7月1日　天津市广大党员干部群众收听收看了庆祝中国共产党成立100周年大会实况直播，认真聆听了习近平总书记发表的重要讲话。市委常委、市人大常委会、市政府、市政协领导班子成员，市高级法院院长、市检察院检察长，南开大学、天津大学主要负责同志等在天津礼堂集中收听收看。各区组织收听收看活动，全市各公共场所和户外LED电子屏同步转播。大家对伟大祖国繁荣昌盛感到无比骄傲自豪，一致表示，我们党的一百年，是矢志践行初心使命的一百年，是筚路蓝缕奠基立业的一百年，是创造辉煌开辟未来的一百年。回首百年波澜壮阔的奋斗历程，我们党团结带领全国各族人民找到了实现中华民族伟大复兴的正确道路，战胜了一个又一个艰难险阻，创造了一个又一个彪炳史册的人间奇迹，实现了民族独立、国家富强、人民幸福，中华民族迎来了从站起来、富起来到强起来的伟大飞跃。特别是党的十八大以来，以习近平同志为核心的党中央，推动党和国家事业取得历史性成就、发生历史性变革，开创了中国特色社会主义新时代。我们要深入学习领会习近平总书记重要讲话精神，增强"四个意识"、坚定"四个自信"、做到"两个维护"，牢记初心使命，坚定理想信念，赓续共产党人精神血脉，走好新时代的"赶考路"，为实现第二个百年奋斗目标、实现中华民族伟大复兴而不懈奋斗。

同日　据《天津日报》报道，2020年7月以来，和平区党员干部利用下班后的时间，到社区开展"和平夜话"实践活动，倾听群众声音，为群众排忧解难；南开区开展"扎根网格 血脉相融"实践活动。其他各区也相继组织党员干部深入基层、服务群众，河北区开展"来家坐坐，向您汇报"活动；红桥区举办"小院理论夜校"活动，北辰区推广"五常五送"活动……广大党员干部用行动汇聚成"说群众语言""向群众汇报"，听民情民意、纾民困解民忧的"海河夜话"实践活动。通过开展一系列服务群众的活动，广大党员干部主动深入群众、融入群众，扑下身子、躬身而入，面对面倾听群众所思所盼，心贴心了解群众冷暖疾苦。同时，将心比心、设身处地为群众考虑，把群众视为衣食父母、兄弟姊妹，切实解决了一大批养老、医疗、教育、兜底保障等与群众切身利益相关的问题。

同日 据《天津日报》报道，在天津市300多万老年人口中，民政部门因地制宜施策，对低保、低收入、失能等7类符合条件的经济困难失能老年人，按照评估确定的轻、中、重三个照料等级，每人每月分别给予200元、400元、600元居家养老服务（护理）补贴。依托照料中心（站）等社区设施，为居家养老的老年人提供生活照料、家政服务、餐饮配送、便利购物、活动场所等服务，着力打造"没有围墙的养老院"。截至目前，已累计建设照料中心（站）1257个、托老所16家。为自理、半自理老人提供日托、周托、月托和季托等差异化服务，针对老年人"小病不出社区"的诉求，推进医养结合，鼓励支持医疗资源全面进入养老行业。把机构内的服务模式、服务标准等引入社区家庭，让居住在家的老年人，也能够享受到高质量的专业照护服务。培育46家智能服务企业，落地社区119个，科技赋能，让"养老"变"享老"。

同日 据《天津日报》报道，"十三五"期间，天津市持续将学前教育资源建设列入全市每年20项民心工程。新建、改扩建一大批幼儿园，通过多种途径新增学位16万余个。积极探索"优质园办新园、新园独立运行"的集团化管理体制，使新建幼儿园高端起步、高位发展。同时，制定《天津市普惠性民办幼儿园生均经费补助项目和资金管理办法》，普惠性民办幼儿园生均经费按2800元至4400元标准给予分级补助。2020年，全市普惠性民办幼儿园达到466所，在园幼儿74198名。共投入8.86亿元支持300余所农村公办幼儿园建设，累计新增农村学前教育学位1.9万个。"十三五"以来，天津市相继出台《天津市统筹推进区内城乡义务教育一体化改革发展实施方案的通知》《关于推进义务教育学区化办学的实施意见》《市教委关于进一步做好区域内义务教育学校教师、校长交流轮岗工作的通知》，以及优质普通高中招生指标分配等一系列政策文件，成立11个"区域发展共同体"，优化城乡义务教育学校空间布局规划，制度化、常态化实施教师交流轮岗，推进学区化办学、集团化办学、九年一贯制、学校联盟建设、引进高校优质资源等，大力开展"百姓身边的好学校"建设。

同日 据《天津日报》报道，为保障市民温暖过冬，天津市自2016年冬季以来，每年都根据气候变化延长供暖期，5年来，提前供暖从10天到15天，一个供暖季调整延长供暖从26天到31天。天津市供暖时间从规定的120天左右延长到上个供暖季的151天。截至2020年底，天津市集中供热面积已达5.53亿平方米，其中住宅4.28亿平方米，全市集中供热普及率从2015年的92.2%达到现在的99.9%。热电联产、燃气和清洁能源供热比重达到90.8%，形成了以清洁能源为主的集中供热体系。为保障弹性供暖机制落到实处，从2016—2017供暖季到2019—2020供暖季，市、区两级财政补贴超过41亿元，2020—2021供暖季补贴资金预计约18亿元，弹性供暖以来，预计发放供暖补贴合计约59亿元。

同日 据《天津日报》报道，从2013年至2020年，天津市先后开展了两轮结对帮扶困难村工作。特别是2017年8月，在圆满完成上一轮结对帮扶工作的基础上，结合天津到2020年全面建成高质量小康社会目标，又启动了新一轮结对帮扶困难村工作。全市789家单位的2095名干部，组成688个工作组，精准确定1041个相对困难村作为帮扶对象。截至2020年底，1041个困难村全面达到"三美四全五均等"帮扶目标，即村庄、环境、乡风"三美"，产业带动、转移就业、水电供应、户厕改造"四个全覆盖"，教育、医疗、住房、社保、便民服务"五个城乡均等化"。结对帮扶工作得到了广大农村基层干部和农民群众的认可，为全面实施乡村振兴战略打下了坚实基础。

7月2日 中共天津市委常委会扩大会议召开。会议深入学习贯彻习近平总书记在庆祝中国共产党成立100周年大会上的重要讲话。会议指出，2021年7月1日是全体中国共产党员的盛大节日，也是中国人民、中华民族的盛大节日。习近平总书记发表重要讲话，全面回顾总结了一百年来中国共产党团结带领中国人民创造的伟大成就、积累的宝贵经验，庄严宣告"我们实现了第一个百年奋斗目标，在中华大地上全面建成了小康社会"，精辟概括了伟大建党精神，鲜明提出了在新的征程上以史为鉴、开创未来"九个必须"的重要要求，向全体中国共产党员发出在新的赶考之路上努力为党和人民争取更大光荣的号召，吹响了向第二个百年奋斗目标进军的号角，是一篇马克思主义的纲领性文献，是一个百年大党承前启后、继往开来的政治宣言。

7月5日 天津市庆祝中国共产党成立100周年座谈会召开。会议深入学习贯彻习近平总书记"七一"重要讲话精神，座谈交流学习体会，推动全市学习贯彻工作往深里走、往实里走。会议要求，全市上下要把认真学习贯彻习近平总书记"七一"重要讲话精神作为重大政治任务，作为党史学习教育的核心内容，吃透精神实质，把握实践要求，从党的百年奋斗史中汲取前进的智慧和力量，不断增强"四个意识"、坚定"四个自信"、做到"两个维护"。一是深刻认识习近平总书记"七一"重要讲话的历史性、划时代、里程碑意义。二是深刻认识我们党创造的伟大成就，特别是党的十八大以来创造的新时代中国特色社会主义的伟大成就。三是深刻认识中国共产党的领导是革命、建设、改革、复兴事业的根本保证，更加自觉地增强"四个意识"、坚定"四个自信"、做到"两个维护"。四是深刻认识江山就是人民、人民就是江山，始终保持党同人民群众的血肉联系。五是深刻认识伟大建党精神是我们党的精神之源，大力弘扬光荣传统、传承红色基因、赓续红色血脉。六是深刻认识自我革命是中国共产党百年蓬勃发展、生命力旺盛强大的法宝，始终坚持党要管党、全面从严治党。七是坚持知行合一，增强学习实效。

同日　中共天津市委常委会会议暨市委宣传思想工作领导小组会议召开。会议学习贯彻中共中央办公厅通知和中宣部电视电话会议精神，研究部署天津市学习宣传贯彻习近平总书记"七一"重要讲话精神工作。会议指出，要把学习宣传贯彻习近平总书记"七一"重要讲话精神作为重大政治任务，引导广大党员、干部、群众深刻领会和把握重大意义、丰富内涵、核心要义、实践要求，在全市迅速兴起学习宣传贯彻热潮。

后　记

　　《全面建成小康社会天津大事记》是按照中共中央宣传部统一部署，由中共天津市委宣传部组织，中共天津市委党校（市委党史研究室）具体编撰而成。该书编写工作坚持以习近平新时代中国特色社会主义思想为指导，深入学习贯彻习近平总书记关于全面建成小康社会的重要论述精神，客观记录新中国成立以来，特别是党的十八大以来，天津市全面建成高质量小康社会的奋斗历程，取得的重大成就和宝贵经验。

　　本书由市委党校副校长、市委党史研究室主任王永立审定，周巍、马兆亭、孟罡、赵凤俊参加编写工作。

　　由于时间和水平所限，如有不当之处，敬请读者批评指正。

本书编写组

2022 年 5 月